STARK

Mündliches Abitur

Prüfungsaufgaben mit Lösungen

Gymnasium Baden-Württemberg

Biologie BF

STARK

1. Auflage 2020
www.stark-verlag.de

Inhaltsverzeichnis

Erster Prüfungsteil: Vortrag

Zweiter Prüfungsteil: Prüfungsgespräch

Autoren und Autorin

Christian Schillinger, Hubert Schiller, Harald Steinhofer, Irith Mornau, Jürgen Rojacher

Vorwort

Liebe Schülerinnen und Schüler,

das vorliegende Buch bietet Ihnen die Möglichkeit, sich adäquat und effektiv auf die **mündliche Abiturprüfung** im **Basisfach Biologie** an allgemeinbildenden Gymnasien in Baden-Württemberg vorzubereiten.

Zu Beginn des Buches erwarten Sie allgemeine **Hinweise und Tipps** zur mündlichen Prüfung. Sie geben einen Überblick über die Rahmenbedingungen und enthalten Erläuterungen zu den Bildungsplaninhalten und zum Umgang mit den Operatoren. Die Tipps zur **Bearbeitung der Prüfungsaufgaben** zeigen Ihnen dann konkret, wie Sie erfolgreich an die mündliche Prüfung herangehen können. Berücksichtigen Sie dabei auch die Vorschläge zur **Benutzung dieses Buches**.

Die Übersicht der **inhaltsbezogenen Kompetenzen** listet für jedes Sachgebiet die grundlegenden fachlichen Anforderungen auf. Das Checklistenformat erlaubt es Ihnen dabei, den eigenen Wissensstand im Rahmen Ihrer Vorbereitung zu dokumentieren.

Der Hauptteil des Bands ist wie die Prüfung in zwei Teile gegliedert: Im ersten Abschnitt finden Sie **18 materialgestützte Musteraufgaben**, die sich eignen, den **ersten Prüfungsteil** (Vortrag) zu simulieren. Der zweite Abschnitt enthält zu jedem Sachgebiet **weitere Fragestellungen**. Diese Aufgabenkataloge können Sie ergänzend zur strukturierten Vorbereitung auf den **zweiten Prüfungsteil** (Prüfungsgespräch) verwenden.

Zu allen Aufgaben finden Sie **ausführliche Lösungsvorschläge**. Eine Vielzahl konkreter **Tipps** unterstützt Sie darüber hinaus bei der Bearbeitung der Aufgaben und mit hilfreichen fachlichen Zusatzinformationen.

Nutzen Sie auch die Plattform **MyStark**, um in interaktiven Aufgaben Ihr Fachwissen zu testen. Ebenfalls digital abrufbar sind anschauliche **Lernvideos** zu zentralen Themen (Zugangscode siehe Umschlaginnenseite).

Viel Erfolg in der mündlichen Abiturprüfung!

Christian Schilling

Hinweise und Tipps zur mündlichen Abiturprüfung

Rahmenbedingungen und Anforderungen der Prüfung

1 Die mündliche Prüfung im Basisfach Biologie

Seit der Abiturprüfung 2021 legen alle Prüflinge neben drei schriftlichen Prüfungen in den Leistungsfächern zusätzlich zwei mündliche Prüfungen in den Basisfächern ab, die sie aus dem Pflichtbereich bzw. dem Wahlbereich ausgewählt haben. Nähere Informationen zur Auswahl der Prüfungsfächer und zu den Prüfungsbedingungen finden Sie unter *https://km-bw.de/,Lde/Startseite/Schule/Abitur+und+Oberstufe.*
Die mündliche Prüfung dauert ca. **20 Minuten** und erstreckt sich im Fach Biologie auf mindestens zwei der unter Punkt 2 aufgeführten fünf Sachgebiete. Die Fragestellungen für den **ersten Prüfungsteil** (Vortrag) werden Ihnen schriftlich und in der Regel materialgestützt vorgelegt und beziehen sich meist auf eines, ggf. auch auf zwei dieser Sachgebiete. Sie können sich auf Ihre Präsentation 20 Minuten unter Aufsicht vorbereiten. Im **zweiten Prüfungsteil** (Kolloquium, Prüfungsgespräch) erwarten Sie Fragen zu einem weiteren Sachgebiet, auf die Sie spontan antworten müssen.

2 Inhaltsbezogene Kompetenzen

Im Bildungsplan sind die auf der folgenden Seite aufgeführten und nach Sachgebieten (Fettdruck) strukturierten Fachinhalte verbindlich festgelegt und Grundlage für die mündliche Prüfung. Neben der Fähigkeit zur Anwendung des erworbenen Fachwissens geht es auch um dessen Verknüpfung und Strukturierung im Rahmen der grundlegenden biologischen Prinzipien.

Bildungsplaninhalte und Sachgebiete

<table>
<tr><th colspan="2">Sachgebiet</th><th>Inhaltliche Konkretisierung</th></tr>
<tr><td rowspan="2">Von der Zelle zum Organ</td><td>Zelle und Stoffwechsel</td><td>• Zellaufbau, Bau und Funktion der Zellorganellen
• Biomembranen: Struktur und Funktion, Kompartimentierung, Stofftransport, Osmose
• Zelle als offenes System: Stoffaustausch, Energiefluss</td></tr>
<tr><td>Moleküle des Lebens und Grundlagen der Vererbung</td><td>• DNA: Struktur und Funktion, Isolierung (Experiment)
• vom Gen zum Protein: Proteinbiosynthese
• Proteine: Struktur und Funktion, „Schlüssel-Schloss-Mechanismus“ eines Enzyms und eines Rezeptors</td></tr>
<tr><td colspan="2">Aufnahme, Weitergabe und Verarbeitung von Informationen</td><td>• Bau der Nervenzelle
• Informationsübertragung an Nervenzellen: Ruhepotenzial, Aktionspotenzial, Synapse
• Informationsverarbeitung: erregende und hemmende Synapsen, Verrechnung
• Signaltransduktion an Sinneszellen
• neuronale Regulation und übergeordnete Funktion des Gehirns</td></tr>
<tr><td colspan="2">Evolution</td><td>• Ordnungssystem der Organismen: systematische Ordnungskriterien und Nomenklatur
• historische Evolutionstheorien von LAMARCK und DARWIN
• Entstehung der Vielfalt: synthetische Evolutionstheorie
• Bedeutung der sexuellen Fortpflanzung
• Evolution des Menschen: biologisch und kulturell</td></tr>
<tr><td colspan="2">Angewandte Biologie</td><td>• Isolierung, Vervielfältigung und Transfer von Genen, Selektion transgener Zellen
• Prinzip der Gendiagnostik
• Bedeutung der Gentechnik in Forschung, Medizin und Landwirtschaft; ethische Fragen
• geschlechtliche und ungeschlechtliche Fortpflanzung
• Zelldifferenzierung, Bedeutung und Verwendung embryonaler und adulter Stammzellen
• ethische Fragen</td></tr>
</table>

Ideal zur Überprüfung Ihres biologischen Fachwissens und zum Aufdecken von Wissenslücken sind die auf der Online-Plattform **MyStark** verfügbaren **interaktiven Aufgaben**. Hier finden Sie auch anschauliche **Lernvideos** zu zentralen Themen (siehe Zugangscode vordere Umschlaginnenseite).

Grundlegende biologische Prinzipien

Im Bildungsplan werden grundlegende Prinzipien zur Analyse und Erklärung biologischer Phänomene aufgeführt, die sich als „roter Faden“ durch alle Sachgebiete ziehen. Im Rahmen der mündlichen Prüfung sollten Sie darauf vorbereitet sein, dass Sie Ihr Verständnis dieser grundlegenden Prinzipien und damit Ihre Fähigkeit, biologische

Sachverhalte und Vorgänge übergeordnet zu begreifen und zu strukturieren, unter Beweis stellen sollen. Die wichtigsten Prinzipien sind in der folgenden Übersicht kurz erläutert.

Biologisches Prinzip	Bedeutung
Struktur und Funktion	Biologische Strukturen weisen einen Zusammenhang zwischen Bau und Funktion auf (z. B. Zelldifferenzierung, Oberflächenvergrößerung, „Schlüssel-Schloss-Prinzip" auf molekularer Ebene, Angepasstheiten auf Ebene der Organe und des Organismus).
Zelluläre Organisation, Stoff- und Energieumwandlung	Lebewesen sind aus Zellen aufgebaut und stehen als offene Systeme mit der Umwelt in Stoff- und Energieaustausch (z. B. Kompartimentierung, Stoffwechsel, energetische Kopplung, Membranpotenzial, Bewegung).
Wechselwirkung und Regulation	Lebensvorgänge stehen untereinander und mit der Umwelt in Wechselwirkung und werden reguliert und gesteuert (z. B. Homöostase, Fließgleichgewicht, positive und negative Rückkopplung, Steuerung auf molekularer Ebene und Organebene).
Information und Kommunikation	Aufnahme, Verarbeitung und Speicherung von Informationen ermöglicht Kommunikation innerhalb von und zwischen Lebewesen (z. B. Signaltransduktion, Transmitter-Rezeptor-Interaktion, Zell-Zell-Kontakte, Codierung und Decodierung von Informationen).
Reproduktion, Variabilität, Angepasstheit und Evolution	Organismenvielfalt ist das Ergebnis von Evolution. Lebewesen sind hinsichtlich des Baus und der Funktion an ihre Umweltbedingungen angepasst und geben ihre Erbinformation an ihre Nachkommen weiter (z. B. Fortpflanzung und Fortpflanzungsstrategien, Erzeugung von Variabilität und Selektion, Einnischung).

3 Prozessbezogene Kompetenzen

Neben dem Erwerb fachlicher, inhaltsbezogener Kompetenzen dient der Unterricht in der Oberstufe auch der Vermittlung sogenannter prozessbezogener Kompetenzen. Dazu zählen im Fach Biologie neben der **methodischen Kompetenz**, Erkenntnisse zu gewinnen (z. B. Interpretation von Diagrammen, Planung und Auswertung von Experimenten, Entwicklung von Modellvorstellungen), die Fähigkeit zur **Kommunikation** (Erwerb, Darstellung und Austausch von Informationen) sowie die **Bewertungskompetenz** (Einordung von Sachverhalten, Urteilsbildung, Entwicklung von Handlungsoptionen). Zur Erschließung, Vermittlung und Bewertung der fachlichen Inhalte ist der Einsatz dieser Fähigkeiten integraler Bestandteil der mündlichen Prüfung.

4 Anforderungsbereiche und Operatoren

Aus der Aufgaben- und Fragestellung gehen Art und Umfang der geforderten Leistung hervor. Dazu werden in den Aufgaben und Fragen handlungsleitende Verben, sogenannte Operatoren verwendet, die als eindeutige Arbeitsanweisungen dienen. Sie lassen Rückschlüsse auf das Anforderungsniveau zu. Es werden drei Anforderungsbereiche (AFB) unterschieden, denen typische Operatoren zugeordnet werden können:

- **Anforderungsbereich I:** Reproduktion
  AFB I umfasst Aufgaben zur Wiedergabe des Gelernten ohne tiefergehende Erläuterungen sowie zum Einsatz erlernter und eingeübter Arbeitstechniken und Verfahrensweisen bei vergleichbaren Beispielen.
- **Anforderungsbereich II:** Reorganisation
  Aufgaben des AFB II prüfen Ihre Fähigkeit, das Gelernte selbstständig anzuwenden, zu verarbeiten und darzustellen. Grundsätzlich Bekanntes soll auf eine neuartige Fragestellung, einen veränderten Sachzusammenhang oder eine abgewandelte Verfahrensweise in Form einer Neuorganisation angewendet werden.
- **Anforderungsbereich III:** Transfer
  AFB III enthält Aufgaben mit neuartigen, komplexen und vielschichtigen Problemstellungen, die nur durch einen planvollen und kreativen Denkansatz gelöst werden können. Durch Anpassung des Gelernten sowie Übertragung erlernter geeigneter Methoden und Verfahren auf neuartige Situationen ist es möglich, zu Deutungen, Wertungen und Folgerungen zu gelangen.

Das Verhältnis der drei Anforderungsbereiche I : II : III bewegt sich etwa im Bereich 30 % : 50 % : 20 %.

Im folgenden Abschnitt erhalten Sie eine Übersicht über typische **Operatoren** der einzelnen Anforderungsbereiche (AFB) und deren Bedeutung. Manche Operatoren können in Abhängigkeit von der konkreten Aufgabenstellung unterschiedlichen Anforderungsbereichen zugeordnet werden.

Operatoren	Beschreibung der erwarteten Leistung	AFB
beschreiben	Strukturen, Sachverhalte oder Zusammenhänge strukturiert und fachsprachlich korrekt mit eigenen Worten wiedergeben	I
beschriften	Fachbegriffe gekennzeichneten Strukturen zuordnen	I
darstellen	Sachverhalte, Zusammenhänge, Methoden usw. strukturiert und ggf. fachsprachlich wiedergeben	I
definieren	einen Begriff durch Angabe der wesentlichen Merkmale eindeutig bestimmen	I
nennen/ benennen	Elemente, Sachverhalte, Begriffe, Daten ohne Erläuterung aufzählen/einer Struktur zuordnen	I
skizzieren	Sachverhalte, Objekte, Strukturen oder Ergebnisse auf das Wesentliche reduziert übersichtlich grafisch darstellen	I
zeichnen	möglichst exakte grafische Darstellung beobachtbarer oder gegebener Strukturen anfertigen	I
zusammenfassen	das Wesentliche in konzentrierter Form kurz wiedergeben	I
ableiten	auf der Grundlage wesentlicher Merkmale sachgerechte Schlüsse ziehen	II

analysieren/ untersuchen	Sachverhalte erkunden und wichtige Merkmale und Zusammenhänge auf eine bestimmte Fragestellung hin herausarbeiten	II–III
auswerten	Daten, Einzelergebnisse usw. aus vorgegebenem Material entnehmen, in einen Zusammenhang stellen und ggf. eine Gesamtaussage und Folgerungen formulieren	II
erklären	einen Sachverhalt durch eigenes Wissen oder eigene Erkenntnisse auf Regeln und Gesetzmäßigkeiten zurückführen	II
erläutern	Wesentliches eines Sachverhalts an Beispielen oder durch zusätzliche Informationen verständlich machen	II
ermitteln	einen Zusammenhang oder eine Lösung finden und das Ergebnis formulieren	II
ordnen/zuordnen	Begriffe, Sachverhalte usw. aufgrund bestimmter Merkmale systematisch einteilen	II
prüfen/ überprüfen	Sachverhalte oder Aussagen an Fakten oder innerer Logik messen und ggf. Widersprüche aufdecken	II–III
vergleichen	Gemeinsamkeiten, Ähnlichkeiten und Unterschiede ermitteln	II
begründen	Sachverhalte auf Regeln und Gesetzmäßigkeiten bzw. kausale Zusammenhänge zurückführen	III
beurteilen	zu einem Sachverhalt eine selbstständige Einschätzung nach fachwissenschaftlichen und fachmethodischen Kriterien formulieren	III
bewerten	einen Sachverhalt anhand fachlicher oder gesellschaftlicher Wertkategorien/Beurteilungsmaßstäbe begründet einschätzen	III
diskutieren/ erörtern	Argumente und Beispiele zu einer Aussage oder These einander gegenüberstellen und zu einem abgewogenen Urteil kommen	III
Hypothese entwickeln/ aufstellen	begründete Vermutung auf der Grundlage von Beobachtungen, Untersuchungen, Experimenten oder Aussagen formulieren	III
interpretieren/ deuten	Sachverhalte und Zusammenhänge in Hinblick auf Erklärungsmöglichkeiten untersuchen und abwägend herausstellen	III
Stellung nehmen	zu einem Gegenstand, der an sich nicht eindeutig ist, nach kritischer Prüfung und sorgfältiger Abwägung ein begründetes Urteil abgeben	III

Bearbeitung der Prüfungsaufgaben und Ablauf der Prüfung

1 Die Vorbereitungszeit

In der Regel dürfen Sie den Raum, in dem Sie sich auf die Prüfung vorbereiten, schon vor der Vorbereitungszeit betreten. Nutzen Sie diese Zeit, um sich innerlich auf die bevorstehende Situation einzustellen. Etwa 20 Minuten vor Prüfungsbeginn wird Ihnen Ihre Prüfungsaufgabe ausgehändigt. Abgesehen von Schreibmaterial zur Anfertigung von Notizen stehen Ihnen normalerweise keine Hilfsmittel zur Verfügung. Es ist aber möglich, dass Sie zur Bearbeitung der Prüfungsaufgaben Material (z. B. ein Modell) oder notwendige Hilfsmittel (z. B. Codesonne) erhalten.

Bearbeitung der Prüfungsaufgaben

Für eine erfolgreiche Bearbeitung der Prüfungsaufgaben empfiehlt sich ein strukturiertes Vorgehen in mehreren Schritten, die im Folgenden näher erläutert sind.

Lesen der Gesamtaufgabe
Verschaffen Sie sich einen Überblick über die Aufgabe, indem Sie die Textinformationen aufmerksam lesen und die Materialien durchsehen. Häufig finden sich allgemeine fachliche Aussagen, die an Ihre Vorkenntnisse anknüpfen. Ihre Aufgabe ist es, zu erkennen, auf welche bekannten biologischen Sachverhalte Bezug genommen wird. Sie müssen Ihre Vorkenntnisse ggf. auf die neuen Inhalte übertragen bzw. Daten und Fakten aus den gegebenen Materialien auswerten.

Analysieren der (Teil-)Aufgaben
- Lesen Sie sich den Aufgabentext der (Teil-)Aufgabe durch und unterstreichen Sie die Operatoren.
- Unterteilen Sie komplexe Fragestellungen in Teilaufgaben.
- Lesen Sie unter Berücksichtigung der Operatoren nochmals den zur Teilaufgabe gehörenden Text bzw. betrachten Sie das Material. Kennzeichnen Sie dabei wichtige Informationen und machen Sie sich Randnotizen am Aufgabentext.
- Finden Sie inhaltliche Schwerpunkte und grenzen Sie diese ab.

Anfertigen einer Gliederung
- Notieren Sie sich auf Ihrem Konzeptblatt wichtige Stichworte. Vermeiden Sie es aus zeitlichen Gründen, ganze Gedankengänge auszuformulieren.
- Ordnen Sie die Stichpunkte vom Allgemeinen zum Detail.
- Orientieren Sie sich zur Strukturierung an der Reihenfolge der Teilaufgaben.
- Gehen Sie auf Materialien explizit ein bzw. fügen Sie Skizzen oder Diagramme ein. Selbstverständlich können Sie auch ein passendes Tafelbild entwerfen.

Gestalten des Vortrags
- Überlegen Sie sich für den Einstieg in Ihren Vortrag, gerade bei materialgestützten Aufgaben, eine kurze Einleitung. In manchen Fällen bietet es sich z. B. an, den

Sachverhalt, zu dem die Aufgaben gestellt werden, kurz mit eigenen Worten wiederzugeben. Auch ein illustrierender Verweis auf das Material, z. B. eine Abbildung, ist denkbar.
- Ordnen Sie Ihre Ergebnisse logisch und beachten Sie die Arbeitsanweisungen und Operatoren. Bei „Nennen" reicht eine Aufzählung, während „Erläutern" eine anschauliche Darstellung der Sachverhalte meint.
- Folgen Sie nach Möglichkeit der Reihenfolge der Fragen, diese helfen Ihnen auch bei der Strukturierung Ihres Vortrags.
- Verwenden Sie sinnvolle bzw. geforderte Beispiele, Skizzen oder Diagramme.
- Planen Sie kurze Überleitungen zwischen einzelnen Aspekten oder Teilaufgaben ein, um Ihre Präsentation flüssig und zusammenhängend zu gestalten.
- Überschlagen Sie in etwa die Zeit, die Sie für Ihre Ausführungen benötigen werden. Ziel ist es, die zur Verfügung stehende Zeit (10 Minuten) gut auszunutzen und nicht zu überschreiten.

Überprüfen auf Vollständigkeit
Vergleichen Sie nochmals kurz Ihre in Stichpunkten festgehaltenen Ergebnisse mit der Aufgabenstellung, um sich zu vergewissern, dass Sie keinen Aspekt übersehen haben.

Vorausblicken auf das Prüfungsgespräch
Häufig enthalten die Materialien oder die Aufgaben bereits Hinweise auf ein weiteres Sachgebiet, das sich für das anschließende Prüfungsgespräch anbieten könnte. Prüfen Sie, wenn Sie noch genügend Zeit zur Verfügung haben, Ihr Thema auf entsprechende Querverweise und stellen Sie sich vor diesem Hintergrund bereits auf das Prüfungsgespräch ein.

Tipps zur Analyse des Materials

Zur Beantwortung der Fragestellung müssen häufig Materialien wie Sachtexte, Bilder, Grafiken, Diagramme oder Tabellen ausgewertet werden. Es ist aber auch möglich, dass Sie sich mit Modellen, (mikroskopischen) Präparaten oder sogar kleinen Experimenten auseinandersetzen müssen. Im Folgenden erhalten Sie einen kurzen Überblick, wie Sie bei der Auswertung der gängigsten Materialien optimal vorgehen.

Sachtexte
Lesen Sie den Text in einem ersten Durchgang vollständig durch. Markieren Sie beim abermaligen Lesen sparsam wichtige Sachinformationen im Zusammenhang mit den gestellten Aufgaben. Notieren Sie sich stickpunktartig wichtige Teilaussagen in Bezug auf die Aufgabenstellung.
Wird ein (unbekanntes) Experiment geschildert, so versuchen Sie zunächst Bezüge zu behandelten Unterrichtsinhalten herzustellen, um es thematisch einzuordnen. Überlegen Sie sich in einem zweiten Schritt, welche Fragestellung oder Hypothese mit dem Experiment überprüft werden soll. Erst danach deuten Sie die geschilderten Ergebnisse/Beobachtungen hinsichtlich der Ausgangsfrage.

Bilder und Grafiken
Zunächst sollten Sie sich darüber klar werden, ob es sich um ein Bild (d.h. ein Foto, ein licht- oder elektronenmikroskopisches Bild, ein Gemälde etc.) oder eine Zeichnung (Versuchsaufbau, Skizze, Schema etc.) handelt. Prüfen Sie dann, ob Ihnen die dargestellte Struktur oder der Sachverhalt aus dem Unterricht vertraut ist, und ordnen Sie diese/n in einen größeren thematischen Rahmen ein.
Lesen Sie in der Aufgabenstellung nach, ob lediglich eine Beschreibung oder aber eine Erklärung oder Rückschlüsse von Ihnen erwartet werden und notieren Sie sich dann stichpunktartig, …

- was ganz allgemein dargestellt wird und wie es sich thematisch einordnen lässt.
- welche Detailinformationen gegeben sind und welche Sie zusätzlich benennen können.
- welche Beobachtungen Sie machen können. Beschränken Sie sich dabei auf Aspekte, die sich eindeutig ableiten lassen.
- welche Fragen offenbleiben und welche Rückschlüsse Sie aus dem Sachverhalt in Bezug auf die Aufgabenstellung und anhand Ihres Fachwissens ziehen können.

Diagramme
Arbeiten Sie zunächst die Grundaussage des Diagramms heraus. Betrachten Sie dazu die x-Achse, auf der meist die unabhängige Größe aufgetragen ist, und die y-Achse, die meist die abhängige Größe angibt. Auch die Unterschrift des Diagramms enthält oft Informationen, die man für einen einleitenden Satz über die Grundaussage verwenden kann. Ordnen Sie das Diagramm einem behandelten Unterrichtsinhalt zu.
Analysieren und notieren Sie dann, …

- um welchen Diagrammtyp (z. B. Kreis-, Linien- oder Balkendiagramm) es sich handelt.
- welche Größen sich auf der x- und y-Achse befinden und wie diese skaliert sind (z. B. linear oder logarithmisch).
- welche Merkmale des Diagramms die wichtigsten sind (z. B. Minima, Maxima, Steigung, Wendepunkte einer Kurve, Zunahme oder Abnahme), und benennen Sie, wenn es möglich ist, die Kurve (z. B. Sättigungs-, Optimums-, Wachstumskurve) sowie charakteristische Kurvenabschnitte (z. B. linearer, exponentieller Anstieg oder Abfall, konstanter Verlauf).
- welche (Haupt-)Trends ablesbar sind und welche Teilaussagen formuliert werden können.
- welche Aussagen sich durch das Diagramm hinsichtlich der Fragestellung letztlich treffen lassen und welche weiteren Fragen eventuell durch das Diagramm aufgeworfen werden.

Tabellen
Tabellen stellen häufig zusammengefasste Daten dar, die in Experimenten oder biologischen Beobachtungen gewonnen werden.

- Verschaffen Sie sich zunächst einen Überblick und versuchen Sie, die Inhalte der Tabelle einem Ihnen bekannten Sachverhalt zuzuordnen.
- Betrachten Sie die Kopfzeile und die Randspalte, um sich klar zu werden, was z. B. Gegenstand des Vergleiches ist und anhand welcher Kriterien verglichen wird.

- Achten Sie auf Einheiten und Größen, die in der Tabelle verwendet werden.
- Prüfen Sie, ob bereits die Aufgabenstellung Hinweise zur Auswertung enthält.
- Notieren Sie, ähnlich wie bei Diagrammen, welche Hauptaussagen und Teilaussagen gemacht werden können. Dazu müssen Sie die einzelnen Zeilen und Spalten auswerten. Eventuell hilft es Ihnen, wenn Sie die Inhalte der Tabelle in ein Diagramm auf Ihr Konzeptblatt übertragen.

Modelle

Modelle können Ihnen z. B. in Form grafischer Darstellungen oder als dreidimensionale Objekte präsentiert werden.

- Prüfen Sie zunächst, ob anhand des Modells eine Struktur (z. B. ein Neuron oder die DNA) oder eine bestimmte Funktion (z. B. eines Enzyms oder der Osmose) veranschaulicht werden soll.
- Verschaffen Sie sich bei einem Funktionsmodell selbst Klarheit, wie das Modell funktioniert.
- Da Modelle eine vereinfachte Abbildung der Realität darstellen, kann es sinnvoll sein, Modellelemente und reale Merkmale einander tabellarisch zuzuordnen und zu erklären. Abschließend können noch Grenzen und Schwachpunkte des Modells aufgezeigt werden.

Experiment

Vergegenwärtigen Sie sich zunächst den inhaltlichen Zusammenhang des Experiments (Welche Fragestellung/Hypothese soll überprüft werden?). Fertigen Sie anschließend eine Skizze des Versuchsaufbaus an und führen Sie dann das Experiment entsprechend den Vorgaben durch. Halten Sie stichpunktartig alle Beobachtungen schriftlich fest. Deuten Sie das Experiment auf der Basis Ihrer Beobachtungen und ordnen Sie Ihre Deutungen in den Gesamtzusammenhang der Fragestellung ein.

2 Der Ablauf der mündlichen Prüfung

Die Prüfung besteht aus zwei Teilen. In der ersten Hälfte präsentieren Sie Ihren etwa zehnminütigen Kurzvortrag. In der zweiten Hälfte werden Ihnen in einem etwa zehnminütigen Prüfungsgespräch Fragen zu einem anderen Sachgebiet gestellt.

Erster Prüfungsteil: Der Vortrag

Zunächst empfangen und begrüßen Sie die Mitglieder der Prüfungskommission (Prüfende*r, Prüfungsvorsitzende*r, Protokollant*in). Sie bekommen Zeit, sich kurz zu sammeln und Ihre Unterlagen zurechtzulegen. Anschließend werden Sie gebeten, Ihren Kurzvortrag zu den gestellten Aufgaben zu beginnen. In der Regel werden Sie in diesem ersten Prüfungsteil nicht unterbrochen. Versuchen Sie dabei, folgende Aspekte zu beachten:

- Sprechen Sie unter **Verwendung der Fachsprache** möglichst frei, langsam und verständlich.
- Halten Sie während Ihres Vortrags **Blickkontakt** mit den Prüfenden.

- Setzen Sie geeignete **Medien zur Veranschaulichung** Ihrer Skizzen ein (z. B. Dokumentenkamera) und sorgen Sie dafür, dass diese für Ihre Prüfenden gut erkennbar sind.
- Wenn Sie im Zuge Ihres Vortrags eine Skizze anfertigen, lassen Sie während des Zeichnens **keine Phasen der Stille** entstehen, sondern geben Sie erklärende Kommentare.
- Achten Sie darauf, dass Ihr Vortrag **nicht länger als zehn Minuten** dauert; behalten Sie dazu eventuell die eigene bereitgelegte Uhr im Blick.
- Wenn Sie Ihren Vortrag beendet haben, seien Sie **bereit für eventuelle Rückfragen**. Nutzen Sie zu deren Beantwortung ggf. angefertigte Zeichnungen oder zur Verfügung gestelltes Material.

Zweiter Prüfungsteil: Das Prüfungsgespräch (Kolloquium)

Im zweiten Teil der Prüfung wird ein weiteres Sachgebiet angesprochen. Dies kann unter Bezugnahme auf Inhalte ihres Vortrags oder durch Querverweise, die sich aus den Materialien oder Aufgabenstellungen ergeben, geschehen. Es kann aber auch sein, dass zu Beginn des zweiten Teils als Ausgangssituation neues Material (z. B. ein Diagramm, ein Modell oder die Beschreibung eines Experiments) vorgelegt wird. Hier sollen Sie also zeigen, dass Sie sich ohne Vorbereitung auf ein weiteres Sachgebiet einstellen und Fragen dazu schnell und flexibel beantworten können.

- Achten Sie darauf, die **Fragen des/der Prüfenden zu verstehen**, und stellen Sie gegebenenfalls **Rückfragen**. Präzisieren Sie bei Rückfragen nach Möglichkeit den Aspekt, den Sie nicht richtig erfasst haben. Der oder die Prüfende werden die Aufgabe dann vermutlich anders formulieren, sodass sie sich Ihnen eventuell besser erschließt.
- Bleiben Sie **ruhig**, wenn Ihnen die Antwort zu einer Frage nicht sofort klar ist. Vermeiden Sie es in diesem Fall zu schweigen, sondern vermitteln Sie besser konkret Ihre Schwierigkeit mit der Aufgabe, indem Sie den Themenaspekt aufgreifen.
- Beantworten Sie Fragen unter Verwendung der Fachsprache **strukturiert** und **ausführlich**.
- Versuchen Sie, das Prüfungsgespräch so weit wie möglich **selbst zu lenken**, indem Sie beispielsweise Vergleiche oder Parallelen zu angrenzenden Themen ziehen oder grundlegende biologische Prinzipien (z. B. Struktur-Funktion-Zusammenhänge) aufzeigen.

3 Bewertungskriterien der mündlichen Prüfung

Im ersten Teil der Prüfung kommt es vor allem auf eine sachgerechte und strukturierte Präsentation unter Anwendung der Fachsprache an. Eine angemessene Ausdrucksweise und eine anschauliche Darstellung sind ebenfalls wichtige Prüfungskriterien. Im zweiten Teil der Prüfung spielt Ihre Gesprächsfähigkeit sowie Ihre Auffassungsgabe und ggf. die Fähigkeit zur Entwicklung weiterführender Fragestellungen eine große Rolle. Die Bewertung erfolgt ganzheitlich über die gesamte Prüfung. Mögliche Prüfungskriterien und Urteile können dabei sein:

Kriterium	positiv	negativ
Problemerfassung	rasch, genau, exakt, stimmig, umfassend	zögernd, ungenau, Problem nur mit Hilfen bzw. nicht erfasst, oberflächlich
Kenntnisse	umfassend, vollständig, fundiert, genau	noch angemessen, lückenhaft, unbrauchbar, fehlerhaft, oberflächlich, gering
Gliederung	logisch, stimmig, klar	unstimmig, unlogisch, bloße Aneinanderreihung
Argumentation	schlüssig, logisch, konsequent, durchdacht, stichhaltig, überzeugend	unlogisch, nicht konsequent, nicht nachvollziehbar, unschlüssig, dürftig
Darstellung	überzeugend, anschaulich, treffend, gewandt	noch brauchbar, bemüht, unbrauchbar, unbeholfen
Vortragsweise	frei, flüssig, sicherer Umgang mit der Fachsprache, stilistisch einwandfrei, beweglich	unsaubere Ausdrucksweise, stockend, unsicher, abhängig vom Konzeptblatt

Da die mündlichen – ebenso wie die schriftlichen – Prüfungen vierfach gewertet werden, können Sie in einer mündlichen Prüfung maximal 60 Punkte (15 Punkte x 4) erreichen.

Hinweise und Vorschläge zur Benutzung dieses Buches

Dieser Band enthält 18 beispielhafte **Musteraufgaben** mit materialgestützten Arbeitsaufträgen zur Vorbereitung auf den **ersten Prüfungsteil**. Wenn Sie diesen Abschnitt der Prüfung simulieren möchten, wählen Sie z. B. anhand des Inhaltsverzeichnisses eine Musteraufgabe aus und nehmen Sie sich genau 20 Minuten Zeit, um eine zehnminütige Präsentation Ihrer Lösungen vorzubereiten.
Im Anschluss an jede Musteraufgabe finden Sie mindestens einen thematisch verknüpften Aufgabenvorschlag aus einem angrenzenden Sachgebiet, der für den **Einstieg ins Prüfungsgespräch** infrage käme. Schulen Sie mithilfe dieser Fragen Ihren Blick für themenübergreifende Querverweise in der Prüfungsaufgabe. Dies kann Ihnen zur Einstellung auf das Prüfungsgespräch nützlich sein.

Ergänzend und zur gezielten Vorbereitung auf den **zweiten Prüfungsteil** steht Ihnen zu jedem der fünf prüfungsrelevanten Sachgebiete eine Zusammenstellung **zahlreicher weiterer Aufgaben** zur Verfügung. Die Aufgaben innerhalb jedes Sachgebiets sind in thematische Einheiten mit mehreren Teilaufgaben gegliedert, sodass eine kleinschrittige Bearbeitung möglich ist.

Den Prüfungsaufgaben vorangestellt sind **Übersichten der geforderten inhaltsbezogenen Kompetenzen** zu jedem Sachgebiet. Sie geben Ihnen einen Überblick über die konkreten inhaltlichen Anforderungen des Bildungsplans. Verwenden Sie sie als Checkliste, um Ihren Fortschritt bei der Prüfungsvorbereitung oder Ihren aktuellen Wissensstand zu dokumentieren.

Anhand der **ausführlichen Lösungsvorschläge** zu allen Aufgaben können Sie Ihre Ergebnisse kontrollieren. Nicht erwartete Begriffe, z. B. Fachtermini, sind dabei *kursiv* gedruckt. Zu vielen Aufgaben erhalten Sie außerdem **Tipps**, die Ihnen Zusatzinformationen sowie Hinweise zur Bearbeitung der Aufgaben oder zur Gestaltung Ihres Vortrags liefern.

Baden-Württemberg ▪ Biologie Basisfach
Mündliche Abiturprüfung ▪ Inhaltsbezogene Kompetenzen

Sachgebiet Zelle und Stoffwechsel

Sie können …	☺	😐	☹
Gemeinsamkeiten und Unterschiede zwischen **Pro(to)cyte** und **Eucyte** nennen.			
das lichtmikroskopische Bild einer **tierischen** und einer **pflanzlichen Zelle** skizzieren und beschriften sowie Gemeinsamkeiten und Unterschiede dieser Zellen (be)nennen.			
Bau und Funktion folgender Zellorganellen beschreiben: **Zellkern, Mitochondrium, Chloroplast, endoplasmatisches Retikulum, Dictyosom, Ribosomen, Vakuole**.			
Struktur-Funktion-Zusammenhänge exemplarisch an einzelnen Zellorganellen (z. B. Mitochondrium, eR, Chloroplast) sowie an spezialisierten Zellen (z. B. Drüsen-, Muskel-, Nervenzellen) erläutern.			
den **Bau der Biomembran** nach dem Flüssig-Mosaik-Modell beschreiben und skizzieren.			
die Bedeutung der **Kompartimentierung** der Zelle erklären.			
die Rolle der Cytoplasmamembran für den **kontrollierten Stoffaustausch** und unterschiedliche **Transportmechanismen** (passiver, aktiver, membrangebundener Transport/Membranfluss) durch Biomembranen erläutern.			
die Zelle als **offenes System** (Energie- und Stoffaustausch) anhand von Beispielen (z. B. Zellatmung, Fotosynthese) charakterisieren.			

Sachgebiet Moleküle des Lebens und Grundlagen der Vererbung

Sie können …	☺	😐	☹
Wasser als Medium des Lebens beschreiben (Polarität, Lösungsmittel, pH-Wert).			
die chemische Struktur und Monomere von **Kohlenhydraten, Fetten, Proteinen, Nukleinsäuren** darstellen und beschreiben sowie Funktionen dieser Moleküle nennen.			

die **Strukturebenen** komplexer Moleküle (Proteine, Nukleinsäuren) beschreiben (und ggf. die sie stabilisierenden **Bindungen** und **Wechselwirkungen** benennen).			
den Begriff des **Biokatalysators** definieren.			
das **Schlüssel-Schloss-Modell** der Enzymwirkung skizzieren und erläutern sowie daraus die **Substratspezifität** von Enzymen ableiten.			
die **Struktur der DNA** beschreiben und schematisch skizzieren sowie die **Funktion der DNA** als Speicherort der Erbinformation erläutern.			
Unterschiede zwischen **DNA- und RNA-Molekülen** nennen.			
den **Genbegriff** definieren und Eigenschaften des **genetischen Codes** erklären.			
die **Proteinbiosynthese** über die Schritte **Transkription** und **Translation** modellhaft darstellen und erläutern.			
den Begriff **Mutation** definieren und Folgen von **Genmutationen** (Punktmutationen) für die Proteinbiosynthese begründen.			

Sachgebiet Aufnahme, Weitergabe und Verarbeitung von Informationen

Sie können …	☺	😐	☹
den **Bau einer Nervenzelle** skizzieren und beschreiben.			
die **Funktion von Neuronen** erklären.			
den Zusammenhang zwischen Struktur und Funktion beispielhaft an einem **Motoneuron** erklären.			
den Versuchsaufbau zur Messung des **Ruhepotenzials** skizzieren und die Versuchsbeobachtung anhand unterschiedlicher Ionenkonzentrationen erklären.			
den Spannungsverlauf eines **Aktionspotenzials** als Diagramm darstellen und auf molekularer Ebene erklären.			
die kontinuierliche und die saltatorische **Erregungsleitung** vergleichen.			
den Bau einer **chemischen Synapse** skizzieren und Vorgänge bei der Erregungsübertragung auf molekularer Ebene beschreiben.			

erregende und hemmende Synapsen unterscheiden und die Informationsverarbeitung auf Ebene des Neurons (synaptische Integration durch räumliche und zeitliche Summation) erklären.			
das **Prinzip der Reiztransduktion** durch Rezeptorzellen in elektrische Erregung (Rezeptorpotenzial) beispielhaft an einem Umweltreiz (z. B. Lichtreiz, mechanischer Reiz) erklären.			
Bau und Funktion des **menschlichen Nervensystems** (ZNS, PNS, sensorische, motorische Neurone) in einer Gesamtbetrachtung erläutern.			
den Aufbau und die übergeordnete Funktion des **Gehirns** erklären.			

Sachgebiet Evolution

Sie können …	☺	😐	☹
ausgehend von der kleinsten systematischen Einheit, der Art, die **systematischen Kategorien** des hierarchisch gegliederten Ordnungssystems der Organismen benennen.			
den Menschen als Art ***Homo sapiens*** in das natürliche Ordnungssystem einordnen.			
auf der Basis gemeinsamer **neu erworbener (abgeleiteter) Merkmale stammesgeschichtliche Verwandtschaftsbeziehungen** ausgewählter Gruppen des Pflanzen- und Tierreichs (z. B. Wirbel- oder Säugetiere) rekonstruieren.			
Belege für die Evolution (z. B. aus der Paläontologie oder der vergleichenden Anatomie) aufzeigen und deren Aussagekraft erläutern.			
die **historischen Evolutionstheorien** von LAMARCK und DARWIN vergleichen, auf konkrete Beispiele anwenden und aus heutiger Sicht beurteilen.			
die Bedeutung der **Evolutionsfaktoren Mutation** und **Rekombination**, **Selektion**, **Gendrift** und **Isolation** erklären.			
die Entstehung neuer Merkmale sowie neuer Arten mithilfe der Evolutionsfaktoren anhand der **synthetischen Evolutionstheorie** erläutern.			
die Bedeutung der **sexuellen Fortpflanzung** für die Evolution erläutern.			

	☺	😐	☹
anatomische Unterschiede zwischen dem **Menschen** und den anderen **Menschenaffen** benennen.			
die **biologischen** (u. a. Entwicklung des aufrechten Gangs, der Hand und des Gehirns) und **kulturell-sozialen** (u. a. Gebrauch von Werkzeugen, Entwicklung von Sprache und Schrift) **Faktoren der Menschwerdung** erläutern.			

Sachgebiet Angewandte Biologie

Sie können …	☺	😐	☹
die Formen des **natürlichen Gentransfers**, die man sich in der Gentechnik zunutze macht (Transformation und Transduktion), erläutern.			
die Funktion **grundlegender „Werkzeuge“** (Restriktionsenzyme, Ligasen, Vektoren) des künstlichen Gentransfers erklären.			
experimentelle Verfahrensschritte (Gewinnung und Transfer eines Gens, Vervielfältigung und Selektion der transgenen Zellen) zur Erzeugung transgener Zellen/Organismen (an einem Beispiel) beschreiben und erklären.			
die **Bedeutung** gentechnologischer Methoden in der **Grundlagenforschung** (z. B. Erforschung der Funktion von Genen in den Fachbereichen Genetik und Entwicklungsbiologie, Erkenntnisse durch gentechnisch veränderte Organismen als Modellorganismen in der Biomedizin) erläutern.			
Beispiele des **Einsatzes** gentechnologischer Verfahren in der **Medizin** (z. B. Herstellung von Medikamenten und Impfstoffen, somatische Gentherapie und Keimbahntherapie) darstellen und deren Bedeutung und ethische Dimension beurteilen.			
Verfahren der Gendiagnostik mithilfe molekularbiologischer Methoden (z. B. Polymerase-Kettenreaktion, Gelelektrophorese, Screening mit Gensonden) erklären und deren Einsatz an einem Beispiel darstellen.			
geschlechtliche und ungeschlechtliche **Fortpflanzung** vergleichen (insbesondere Mitose und Meiose).			
undifferenzierte (embryonale) und differenzierte Zellen vergleichen und den Vorgang der **Differenzierung** im Prinzip erläutern.			
die Gewinnung und Verwendung von adulten und embryonalen **Stammzellen** vergleichen und in ethischer Hinsicht beurteilen.			

1. PRÜFUNGSTEIL

Baden-Württemberg ▪ Biologie Basisfach

Mündliche Abiturprüfung ▪ Musteraufgabe 1

Sachgebiet Zelle und Stoffwechsel

AQUAPORINE – DIE LANGE GESUCHTEN „WASSERPOREN“

Täglich filtern unsere Nieren ca. 180 Liter Primärharn aus unserem Blut, aber nur rund 1,5 Liter scheiden wir als Urin aus. Über 99 % werden also von der Niere wieder rückresorbiert. Eine derart umfangreiche Rückresorption kann nur über Kanalproteine in der Zellmembran geschehen. Erst vor relativ kurzer Zeit, Anfang der 1990er-Jahre, wurden diese entdeckt und die Funktion der Proteine bewiesen: Peter AGRE identifizierte in Nierenzellen ein Protein (Aquaporin-1), das einen raschen Wassertransport durch die Zellmembran ermöglicht. Indem er die mRNA des Gens, das für dieses Protein codierte, in Eizellen des Glatten Krallenfroschs *(Xenopus laevis)* einbrachte, konnte er den Nachweis erbringen.

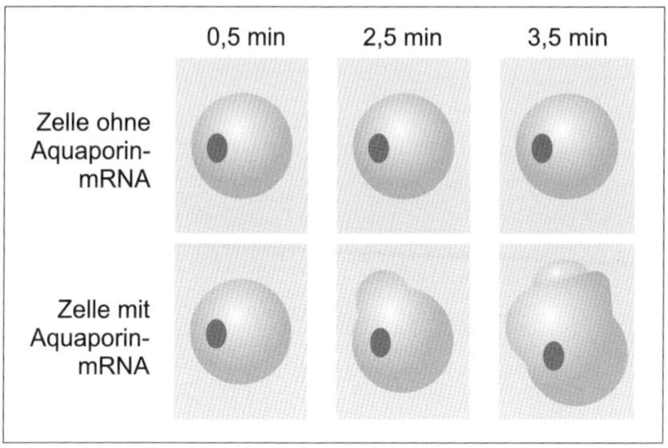

Abb. 1: Eizellen des Krallenfrosches in hypotonem Medium

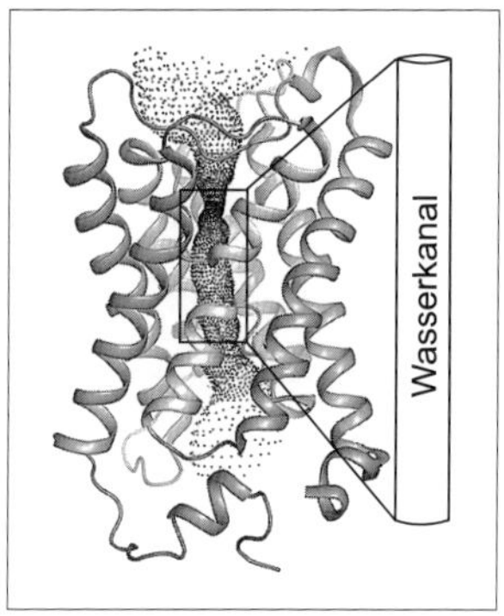

Abb. 2: Strukturmodell des Aquaporin-Proteins

Abb. 1: eigene Darstellung nach: www.nobelprize.org/prizes/ chemistry/2003/popular-information/
Abb. 2: verändert nach: Törnroth-Horsefield et al. (2010): Structural insights into eukaryotic aquaporin regulation FEBS Letters 584, S. 2580–2588, Fig. 1B

1.1 **Fertigen** Sie eine beschriftete Skizze eines Ausschnitts der Zellmembran einer Eizelle des Krallenfrosches nach dem Flüssig-Mosaik-Modell mit einem Aquaporin-Protein **an**.

1.2 **Beschreiben** Sie den Versuchsverlauf und **deuten** Sie das Versuchsergebnis (Abb. 1). **Begründen** Sie, wie die Zelle mit Aquaporin-mRNA nach zehn Minuten aussehen würde.

2.1 **Benennen** Sie die in Abbildung 2 gezeigten Proteinstrukturen des Aquaporin-Proteins.

2.2 **Begründen** Sie, welche strukturellen Anforderungen ein Wasserkanal in der Biomembran erfüllen muss.

Einstieg in Prüfungsteil 2: an Musteraufgabe angrenzendes Sachgebiet

Sachgebiet	Einstiegsaufgabe
Grundlagen der Vererbung	**Beschreiben** Sie die einzelnen Schritte bei der Umsetzung der genetischen Information in das fertige Aquaporin-Protein einer Nierenzelle.

Lösungsvorschlag – Musteraufgabe 1

Prüfungsinhalte	Flüssig-Mosaik-Modell der Biomembran, Osmose, Diffusion, Proteinstrukturen

TIPP *Allgemeine Bearbeitungshinweise und Tipps zur Vortragsgestaltung*

Zur Strukturierung Ihres Vortrags bietet es sich an, einleitend kurz in eigenen Worten auf die Entdeckung und Bedeutung der Aquaporine einzugehen, bevor Sie die in der Teilaufgabe 1.1 geforderte Zeichnung kommentieren.

1.1 Beschriftete Skizze der Eizellmembran mit Aquaporin-Protein *(AFB I)*:

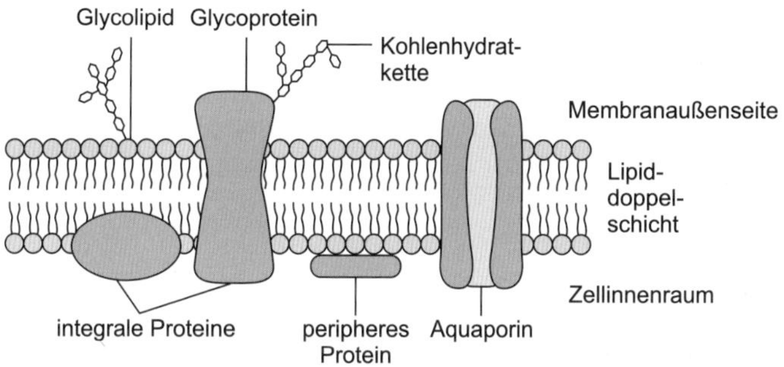

TIPP Das Aquaporin-Protein muss in der Skizze als integrales Tunnelprotein eingezeichnet werden, da im Eingangstext von Kanalproteinen in der Zellmembran die Rede ist.

1.2 Beschreibung des Versuchsverlaufs *(AFB I)*:

- Zelle ohne Aquaporin-mRNA:
  Zellgestalt und -volumen bleiben über den gesamten Versuchsverlauf makroskopisch unverändert.
- Zelle mit Aquaporin-mRNA:
  Nach 2,5 Minuten lässt sich eine Volumenzunahme und (dadurch bedingte) Veränderung der ursprünglich runden Zellgestalt feststellen. Es kommt an einer Stelle der Eizelle zu einer deutlich sichtbaren Ausstülpung der Zellmembran. Nach einer weiteren Minute hat sich diese deutlich vergrößert.

Deutung der Versuchsergebnisse *(AFB III)*:

- Aus der Volumenzunahme und der dadurch bedingten Veränderung der Zellgestalt der Eizelle mit Aquaporin-mRNA lässt sich schließen, dass Wasser-

moleküle entlang ihres Konzentrationsgradienten aus dem hypotonen Außenmedium in das hypertone Cytoplasma diffundiert sein müssen.
- In diesem Ausmaß ist das nur erklärbar durch das Bestehen von Transportmöglichkeiten von (polaren) Wassermolekülen durch den hydrophoben inneren Bereich der Cytoplasmamembran der Eizelle.
- Offensichtlich wird die Aquaporin-mRNA an Ribosomen der Eizelle in Aquaporin-Proteine translatiert, die in die Cytoplasmamembran eingelagert werden und hydrophile Wasserkanäle für den Durchtritt der Wassermoleküle entlang ihres Konzentrationsgradienten ins Zellinnere bilden.
- Demgegenüber stellt die Cytoplasmamembran der Eizelle ohne Aquaporin-mRNA eine hydrophobe Barriere dar, die keinen bzw. einen makroskopisch nicht sichtbaren Durchtritt der Wassermoleküle ins Zellinnere zulässt. Hierdurch bleibt die ursprünglich runde Zellgestalt über den gesamten Versuchsverlauf erhalten.

Begründung der Gestalt der Eizelle mit Aquaporin-mRNA nach zehn Minuten *(AFB III)*:
Da es sich um eine tierische Zelle handelt, die nicht über Strukturen verfügt, die einen Gegendruck aufbauen können (wie beispielsweise eine pflanzliche Zellwand), wird die Zelle nach zehn Minuten (abhängig von der osmotischen Konzentration von Innen- und Außenmedium) vermutlich infolge einer weiteren Volumenzunahme geplatzt sein.

2.1 Benennung der Proteinstrukturen anhand der Abbildung *(AFB I)*:

> **TIPP** Beziehen Sie sich direkt auf die Abbildung 2, um die Proteinstrukturen anzusprechen.

- Primärstruktur (Aminosäuresequenz)
- Sekundärstruktur (α-Helices)
- Tertiärstruktur (dreidimensionale Raumstruktur)

> **TIPP** Falls Sie aus dem Unterricht auch die strukturstabilisierenden Wechselwirkungen und Bindungskräfte kennen, können Sie diese zusätzlich ansprechen: Peptidbindungen (Atombindungen) zwischen den Aminosäurebausteinen (Primärstruktur), Wasserstoffbrücken zwischen CO- und NH-Gruppen der Aminosäuren (Sekundärstruktur), sowie Disulfidbrücken (Atombindungen), Ionenbindungen, Wasserstoffbrückenbindungen und Van-der-Waals-Kräfte auf der Ebene der Tertiärstruktur.

2.2 Begründung der Anforderungen eines Wasserkanals *(AFB III)*:
Um sehr kleine und polare Wassermoleküle durch eine hydrophobe Barriere, wie sie der innere Membranbereich der Cytoplasmamembran darstellt, transportieren

zu können und gleichzeitig eine hohe Selektivität aufrechtzuerhalten, muss der Wasserkanal einen äußerst engen hydrophilen Tunnel bilden.

TIPP Ergänzend könnten Sie noch erläutern, dass das in die Biomembran integrierte Aquaporin-Protein in seinem Außenbereich hydrophobe und als Wasserkanal zur Innenseite hydrophile Eigenschaften aufweisen muss.

Lösung der Einstiegsaufgabe (Prüfungsteil 2)

Beschreibung der einzelnen Schritte der Proteinbiosynthese des Aquaporin-Proteins *(AFB I)*:

- Bei der Transkription wird die DNA-Sequenz, die für das Aquaprotein-Protein codiert, im Zellkern in ein mRNA-Molekül umgeschrieben: Nach dem Prinzip der komplementären Basenpaarung lagern sich dabei RNA-Nukleotide an die Sequenz des codogenen DNA-Strangs an und werden durch das Enzym RNA-Polymerase miteinander verknüpft. Die Synthese der Aquaporin-mRNA erfolgt in 5'→3'-Richtung. Ist die Aquaporin-mRNA vollständig transkribiert, löst sie sich von der DNA und verlässt den Zellkern.
- Die Translation der Aquaporin-mRNA läuft an den Ribosomen im Cytoplasma ab. Dort wird die Basensequenz des mRNA-Strangs in eine Aminosäuresequenz übersetzt. Das Ribosom lagert sich an die mRNA an, sodass ein tRNA-Molekül, das mit der Aminosäure Methionin beladen ist, über sein Anticodon an das Start-Codon der mRNA binden kann. Ein weiteres beladenes tRNA-Molekül lagert sich über komplementäre Basenpaarung an das folgende Codon an und die beiden Aminosäuren werden durch eine Peptidbindung verknüpft. Das Ribosom wandert um ein Basentriplett weiter und das erste, entladene tRNA-Molekül wird freigesetzt. Ein weiteres tRNA-Molekül bindet an das nachfolgende Codon. Durch Wiederholung des Vorgangs verlängert sich die Peptidkette zu einem Polypeptid. Der Prozess wird mit Erreichen des Stopp-Codons der Aquaporin-mRNA beendet und die Polypeptidkette wird freigesetzt.
- Die Polypeptidkette wird zur funktionsbestimmenden Raumstruktur des Aquaporin-Proteins gefaltet.

Sachgebiet Zelle und Stoffwechsel

LYSOSOMALE SPEICHERKRANKHEITEN

Als lysosomale Speicherkrankheiten werden erblich bedingte Stoffwechselerkrankungen bezeichnet, die durch eine fehlende oder nur sehr geringe Enzymaktivität lysosomaler Enzyme entstehen. Der Abbau von Makromolekülen kann daher nicht oder nur deutlich verlangsamt katalysiert werden, sodass sich diese Moleküle in den Lysosomen anhäufen. Dies führt zu schweren Entwicklungsstörungen. Für Betroffene besteht die Möglichkeit einer Therapie durch eine regelmäßige intravenöse Infusion gentechnisch hergestellter Enzyme. Die freien Enzyme werden durch eine rezeptorvermittelte Endocytose in die Zellen aufgenommen und katalysieren dann intrazellulär anstelle der defekten Enzyme die entsprechende Reaktion. Lysosomale Speicherkrankheiten, bei denen das Gehirn betroffen ist, können so jedoch nicht therapiert werden, da die Blut-Hirn-Schranke (siehe Abb.) für die im Blut befindlichen Enzyme eine unüberwindbare Barriere darstellt.

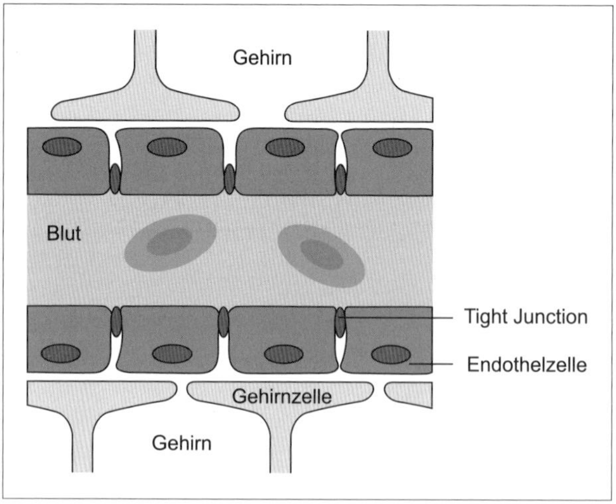

Abb.: Vereinfachtes Schema der Blut-Hirn-Schranke

1.1 **Fertigen** Sie eine **beschriftete Skizze** eines Ausschnitts der Zellmembran nach dem Flüssig-Mosaik-Modell **an**, die die beginnende rezeptorvermittelte Endocytose eines freien Enzyms zeigt (Größe ca. ½ A4-Seite).

1.2 **Erklären** Sie, wie Stoffe beschaffen sein müssen, damit sie die Blut-Hirn-Schranke (siehe Abb.) ungehindert passieren können, und **nennen** Sie ein Beispiel. **Nennen** Sie weitere Transportmöglichkeiten durch die Blut-Hirn-Schranke zu den Zellen des Gehirns.

1.3 **Begründen** Sie vor diesem Hintergrund, weshalb lysosomale Speicherkrankheiten der Gehirnzellen nicht mit einer Enzymersatztherapie behandelt werden können.

2 **Stellen** Sie eine **Hypothese auf**, warum man die Enzyme nicht in Tablettenform verabreichen kann.

Einstieg in Prüfungsteil 2: an Musteraufgabe angrenzendes Sachgebiet

Sachgebiet	Einstiegsaufgabe
Angewandte Biologie	**Erläutern** Sie kurz die wesentlichen Prozessschritte zur gentechnischen Herstellung von Enzymen.

Prüfungsinhalte Biomembran (Flüssig-Mosaik-Modell), Stofftransport durch Biomembranen, rezeptorvermittelte Endocytose, Lysosomen

TIPP *Allgemeine Bearbeitungshinweise und Tipps zur Vortragsgestaltung*

Um sich die Barrierefunktion der Blut-Hirn-Schranke zu verdeutlichen und die Teilaufgaben leichter beantworten zu können, kann es hilfreich sein, die Vorgänge, wie die intravenös verabreichten Enzyme in ihre Zielzellen gelangen, mithilfe einer separaten Skizze auf dem Konzeptblatt zu veranschaulichen.

1.1 **Beschriftete Skizze** der rezeptorvermittelten Endocytose *(AFB I)*:

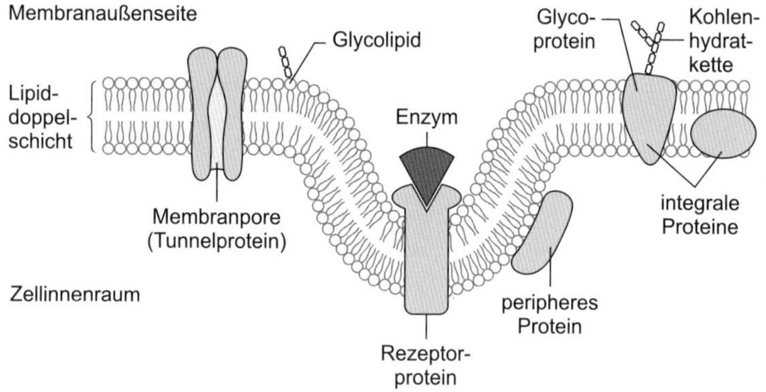

TIPP Ihre Skizze kann selbstverständlich von dieser Darstellung abweichen, insbesondere, was die Form des Rezeptors und des Enzyms betrifft. Vergessen Sie aber nicht, alle wesentlichen Elemente einer Biomembran (u. a. verschiedene Proteinarten) in Ihre Zeichnung zu integrieren und zu beschriften.

1.2 **Erklärung** der Beschaffenheit der Stoffe und **Nennung** eines Beispiels *(AFB II)*:
Aufgrund der Beschaffenheit von Biomembranen (innerer hydrophober Bereich), können nur lipophile Stoffe und kleine unpolare Moleküle, z. B. Sauerstoff und Kohlenstoffdioxid, die Biomembran der Endothelzellen ungehindert durchdringen.

Nennung weiterer Transportmöglichkeiten *(AFB I)*:

- erleichterte Diffusion durch Tunnel- oder Carrierproteine (passiver Transport)
- Transport von Stoffen unter Energieverbrauch entgegen einem Konzentrationsgefälle durch Carrierproteine (aktiver Transport)
- membrangebundener Transport durch Endo- bzw. Exocytose

1.3 **Begründung**, weshalb bei Gehirnzellen keine Enzymersatztherapie möglich ist *(AFB III)*:

> **TIPP** Auch wenn „Tight Junctions" (*engl.* dichte bzw. enge Verbindungen) als Zell-Zell-Verbindungen im Unterricht nicht behandelt wurden, so lässt sich der Abbildung entnehmen, dass diese offensichtlich den kleinen Spalt zwischen den Endothelzellen verschließen. Durch diese Zellzwischenräume (parazellulär) können daher keine Substanzen aus dem Blut in die extrazelluläre Flüssigkeit des Gehirns gelangen.

Um defekte lysosomale Enzyme von Gehirnzellen zu ersetzen, müssen die intakten Enzyme aus dem Blut zu den Hirnzellen gelangen und dort durch eine rezeptorvermittelte Endocytose aufgenommen werden. Dafür wären zwei Transportwege denkbar: 1) durch die Endothelzellen hindurch mittels einer rezeptorvermittelten Endocytose oder 2) zwischen den Endothelzellen *(parazellulär)* hindurch in die extrazelluläre Flüssigkeit des Gehirns. Parazellulär wird der Transport durch die Tight Junctions zwischen den Endothelzellen verhindert. Auch der Transport durch die Endothelzellen findet offensichtlich nicht statt, was auf fehlende Rezeptoren in der Membran der Endothelzellen für die zu transportierenden Enzyme schließen lässt.

2 **Hypothese**, weshalb keine Verabreichung in Tablettenform möglich ist *(AFB III)*:
Tabletten werden über den Mund (oral) aufgenommen. Sie gelangen über die Speiseröhre in den Magen, wo sie in der Regel aufgelöst werden, und von dort weiter in den Darm. Vor diesem Hintergrund sind folgende Hypothesen denkbar:

- Bereits im Magen könnte die im Magensaft enthaltene Salzsäure die räumliche Struktur (Konformation) der Enzyme (Proteine) zerstören, sodass diese ihre Funktion verlieren.
- Es könnte im Magen bereits zu einer Vorverdauung von Proteinen durch Magenenzyme (Peptidasen) kommen.
- Da alle (vorverdauten) Nährstoffe im Dünndarm enzymatisch verdaut (oder zerlegt) werden, würde dies auch die gelösten, in den Tabletten enthaltenen Enzyme (Proteine) betreffen.
- Zellen des Dünndarmepithels nehmen vermutlich keine intakten, unzerlegten Proteine, sondern nur deren Spaltprodukte auf.

> **TIPP** Die Aufstellung nur einer Hypothese ist gefordert. Wenn Sie mehrere plausible Vorschläge haben, zögern Sie aber nicht, diese vorzutragen.

Lösung der Einstiegsaufgabe (Prüfungsteil 2)

Erläuterung der Prozessschritte zur gentechnischen Herstellung von Enzymen *(AFB II)*:
Siehe Lösungsvorschlag zu 1.2 auf S. 138 f.
Anstelle des Somatostatin-Gens wird die Gensequenz, die zur Proteinbiosynthese des gewünschten Enzyms notwendig ist, in den Plasmidvektor integriert. Nach Erzeugung der transgenen Bakterien kann das Genprodukt, also das entsprechende Enzym, aus den Bakterien isoliert werden.

Baden-Württemberg ▪ Biologie Basisfach
Mündliche Abiturprüfung ▪ Musteraufgabe 3

Sachgebiet Zelle und Stoffwechsel

DA HABEN WIR DEN SALAT!

Wer kennt diese Situation nicht? In unmittelbarer Erwartung geladener Gäste hebt man das würzig-salzige Salatdressing unter den noch knackigen Blattsalat – doch dann verspätet sich der Besuch um eine halbe Stunde. Nun hat man sprichwörtlich den Salat: ein erbärmliches Häufchen zusammengefallener Blätter!
In einem Schulpraktikum soll für das beschriebene Alltagsphänomen eine Erklärung gefunden werden. Die Schüler*innen mikroskopieren dafür eine Blattepidermiszelle in einem Tropfen Leitungswasser und ziehen anschließend eine stark konzentrierte Kochsalzlösung durch ihr Präparat. Als Ergebnissicherung fertigen die Experimentierenden vor und nach dem Durchziehen der Kochsalzlösung eine mikroskopische Zeichnung an (siehe Abb.).

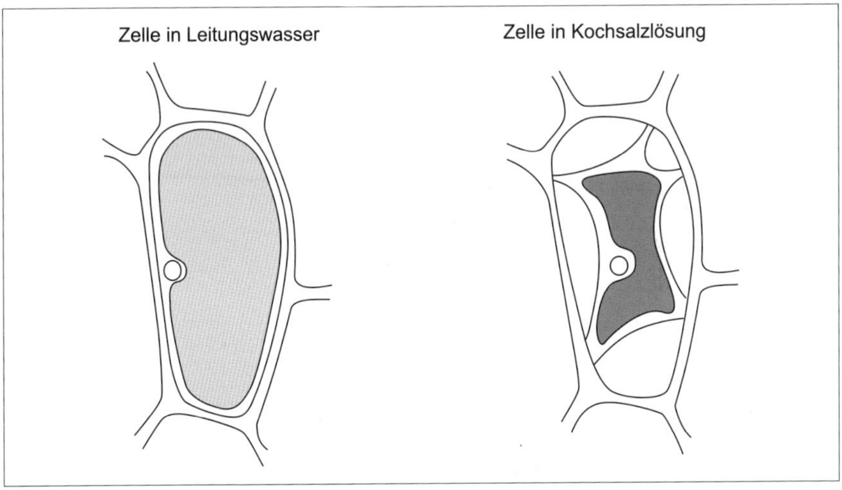

Abb.: Skizzen einer mikroskopierten Zelle

1.1 **Beschriften** Sie die mikroskopische Zeichnung in obiger Abbildung.

1.2 **Beschreiben** Sie die sichtbaren Veränderungen der Blattepidermiszelle nach dem Durchziehen der konzentrierten Kochsalzlösung durch das mikroskopische Präparat.

1.3 **Erklären** Sie die beschriebenen Veränderungen auf molekularer Ebene.

2 **Begründen** Sie vor dem Hintergrund dieses Schulversuchs, weshalb bei Infusionen ins Blutsystem von Patient*innen im Krankenhaus isoosmotische Kochsalzlösung verwendet werden muss.

Einstieg in Prüfungsteil 2: an Musteraufgabe angrenzendes Sachgebiet

Sachgebiet	Einstiegsaufgabe
Aufnahme, Weitergabe und Verarbeitung von Informationen	Bereits wenn der Flüssigkeitsgehalt im Körper um nur wenige Prozent absinkt, bekommt man Durst. Dafür sind u. a. Rezeptoren in der Wand von Blutgefäßen verantwortlich, die den Grad der Gefäßwanddehnung infolge von Blutdruckveränderungen registrieren. **Definieren** Sie den Begriff des Rezeptors, **ordnen** Sie den „Blutdruckrezeptor" einem bestimmten Rezeptortyp **zu** und **benennen** Sie den Nervenfasertyp, der das Signal zum Durstzentrum unseres Gehirns leitet.

Lösungsvorschlag – Musteraufgabe 3

Prüfungsinhalte	lichtmikroskopisches Bild einer Pflanzenzelle, Osmose, Diffusion, Plasmolyse, osmotische Konzentration (hyper-, iso-, hypoosmotisch) und Tonizität einer Lösung

TIPP *Allgemeine Bearbeitungshinweise und Tipps zur Vortragsgestaltung*

Falls Sie das beschriebene Experiment im Unterricht bereits selbst durchgeführt haben sollten, können Sie eigene Beobachtungen sowie die fachsprachlich korrekte Benennung des beobachteten Vorgangs in Ihre Ausführungen einfließen lassen.

1.1 Beschriftung der mikroskopischen Zeichnung *(AFB I, II)*:

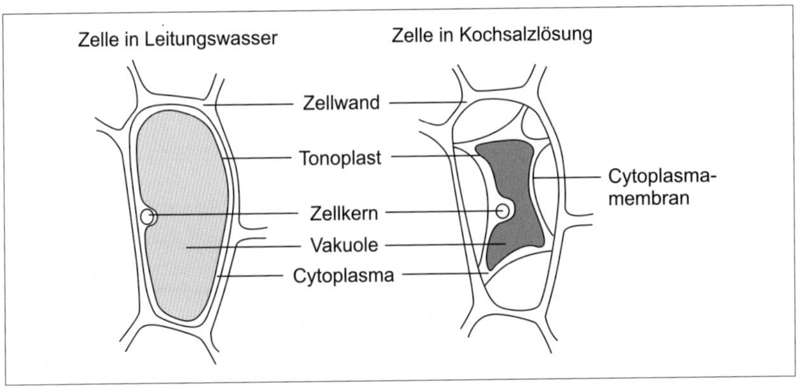

TIPP Bei voller Turgeszenz der Zelle (wie es in der linken Zelle der Fall zu sein scheint) lässt sich die Cytoplasmamembran nicht gesondert ansprechen.

1.2 Beschreibung der sichtbaren Veränderungen *(AFB I, II)*:

- Der Protoplast schrumpft und löst sich vom Inneren der Zellwand ab. Hierdurch lässt sich nun auch die Cytoplasmamembran eindeutig ansprechen.
- Das Volumen der Vakuole verkleinert sich und die Färbung des Vakuoleninhalts (Zellsaft) intensiviert sich.

TIPP Sollten Sie diesen Versuch aus eigener Anschauung aus dem Unterricht kennen, so können Sie auch noch auf die dünnen Cytoplasmaschläuche (Hechtsche Fäden) eingehen, die die Zelle mit den Nachbarzellen verbinden und so ein Cytoplasmakontinuum (Symplast) innerhalb der Pflanze bilden.

1.3 Erklärung der beobachtbaren Veränderungen auf molekularer Ebene *(AFB II)*:

- Das Durchziehen der konzentrierten Kochsalzlösung (hypertonische Lösung) bewirkt, dass die Zahl der gelösten Teilchen im Außenmedium der Epidermiszelle beträchtlich erhöht bzw. dass die Anzahl der Wasserteilchen pro Volumeneinheit erheblich verringert wird.
- Im Cytosol liegen somit mehr Wasserteilchen pro Volumeneinheit vor als außerhalb der Zelle, sodass die Wahrscheinlichkeit größer ist, dass aufgrund der BROWN'schen Molekularbewegung ein Wasserteilchen von der Innenseite auf die Cytoplasmamembran trifft als von der Außenseite.
- Dadurch entsteht ein Nettowasserausstrom zunächst vom Cytosol über die selektiv permeable Cytoplasmamembran ins hypertone Außenmedium, dann von der Vakuole über den ebenfalls selektiv permeablen Tonoplasten ins Cytosol (und von dort ins Außenmedium).
- Die Vakuole und der Protoplast verlieren an Volumen und schrumpfen, sodass die Cytoplasmamembran sichtbar wird.
- Die in der Vakuole gelösten Farbstoffe werden dabei stärker konzentriert, sodass die Färbung intensiver erscheint.

2 Begründung für die Verwendung isoosmotischer Kochsalzlösung für Infusionen *(AFB III)*:

> **TIPP** Für die Beantwortung der Frage benötigen Sie die Erkenntnis aus dem Versuch, dass Wassermoleküle offensichtlich entlang ihres Konzentrationsgradienten von Orten hoher zu Orten niederer Konzentration durch (selektiv permeable) Biomembranen diffundieren können (→ Osmose). Darüber hinaus sollte Ihnen bewusst sein, dass Blut ein flüssiges tierisches Gewebe ist, das sich aus festen Bestandteilen (Blutzellen) und flüssigen Bestandteilen (Blutplasma) zusammensetzt.

Isoosmotische Kochsalzlösung weist die gleiche osmotische Konzentration auf wie das Blutplasma. Durch Infusion dieser Lösung kommt es also weder zu einer Erhöhung noch zu einer Verringerung der Konzentration an gelösten Teilchen im Umgebungsmedium der Blutzellen. Dies ist notwendig, um die Zellen des Blutes nicht zu schädigen und ihre lebenswichtige Funktion aufrechtzuerhalten. Befinden sich Blutzellen nämlich in einem hyperosmotischen Medium, so verlieren sie Wasser und verändern dadurch ihre Form, während sie in hypoosmotischem Medium Wasser aufnehmen, bis sie platzen.

Lösungen der Einstiegsaufgaben (Prüfungsteil 2)

Definition eines Rezeptors *(AFB I)*:
Unter einem Rezeptor versteht man eine Sinneszelle, die spezifische (adäquate) physikalische oder chemische Reize aufnimmt (filtert) und (analog zu ihrer Stärke) in ein Rezeptorpotenzial, also ein elektrisches Signal, umwandelt.

TIPP Als Rezeptoren werden in diesem Kontext auch in die Membran von (Sinnes-)Zellen eingelagerte Proteine bezeichnet, die durch einen bestimmten Reiz aktiviert werden.

Zuordnung des Blutdruckrezeptors *(AFB II)*:
Da die Rezeptoren auf Dehnung oder Verformung der Gefäßwand, also auf mechanische Reize reagieren, handelt es sich um Mechanorezeptoren.

Benennung des Fasertyps *(AFB II)*:
Afferente Nervenfaser

Sachgebiet Moleküle des Lebens und Grundlagen der Vererbung

ENZYME IN DER LEBENSMITTELHERSTELLUNG

Die Verwendung von Enzymen ist heute aus der Lebensmittelherstellung nicht mehr wegzudenken. So wird beispielsweise zur Dicklegung der Milch für die Käseherstellung das sogenannte Labferment aus Kälbermägen zugesetzt. Es enthält das Enzym Chymosin, das für die Denaturierung des Milcheiweißes verantwortlich ist. Aber auch beim Abbau pflanzlicher Zellwände, bei der Herstellung von Zuckersäften aus Stärke oder bei der Brotherstellung werden Enzyme genutzt. Diese werden zunehmend von gentechnisch veränderten Mikroorganismen, v. a. von Bakterien und Hefen, produziert.

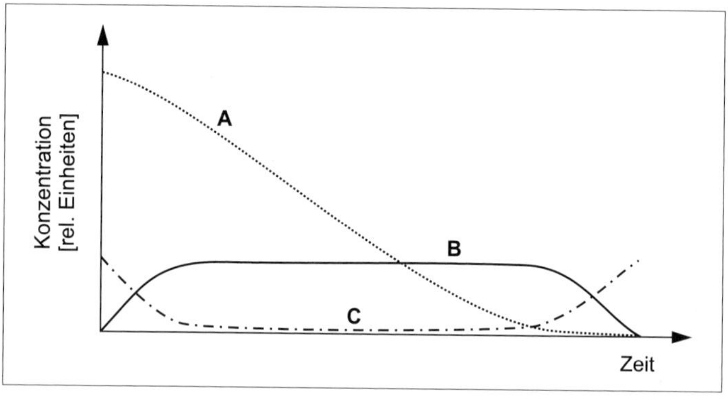

Abb.: Konzentrationsverläufe bei einer enzymatisch katalysierten Reaktion
A: Substrat, B: Enzym-Substrat-Komplex, C: freies Enzym

1.1 **Stellen** Sie den allgemeinen Ablauf enzymatisch katalysierter Reaktionen in einer Abfolge **beschrifteter Schemazeichnungen dar**.
Begründen Sie anhand Ihrer Skizze, weshalb ein Enzym meist nur ein ganz spezifisches Substrat umwandeln kann.

1.2 **Erklären** Sie die Kurvenverläufe A–C im oben abgebildeten Diagramm.

1.3 **Ergänzen** Sie als gestrichelte Linie den zeitlichen Verlauf der Produktkonzentration D und begründen Sie diesen Verlauf. Gehen Sie dabei davon aus, dass aus einem Substratmolekül ein Produktmolekül entsteht.

Als Alternative zur Verwendung von Labferment kann man zur Dicklegung der Milch auch Milchsäurebakterien zusetzen.

2 **Stellen** Sie eine **Hypothese auf**, weshalb auch der Zusatz von Milchsäurebakterien zur gewünschten Verfestigung der Milch führt.

Einstieg in Prüfungsteil 2: an Musteraufgabe angrenzendes Sachgebiet

Sachgebiet	Einstiegsaufgabe
Angewandte Biologie	**Erläutern** Sie kurz die wesentlichen Prozessschritte, die zur Erzeugung genetisch veränderter Bakterien, die das gewünschte Enzym für die Lebensmittelindustrie herstellen, führen.

Lösungsvorschlag – Musteraufgabe 4

Prüfungsinhalte	Schlüssel-Schloss-Modell der Enzymwirkung, Substratspezifität von Enzymen, Denaturierung

TIPP *Allgemeine Bearbeitungshinweise und Tipps zur Vortragsgestaltung*

Bei der Bearbeitung dieser Aufgabe sowie bei Ihrer Präsentation hilft Ihnen die Skizze aus 1.1: Aus der Abfolge Ihrer Schemazeichnungen lassen sich die Kurvenverläufe leicht erklären (1.2) sowie die Produktkurve ergänzen (1.3).

1.1 Schematische Darstellung einer enzymatisch katalysierten Reaktion *(AFB I)*:

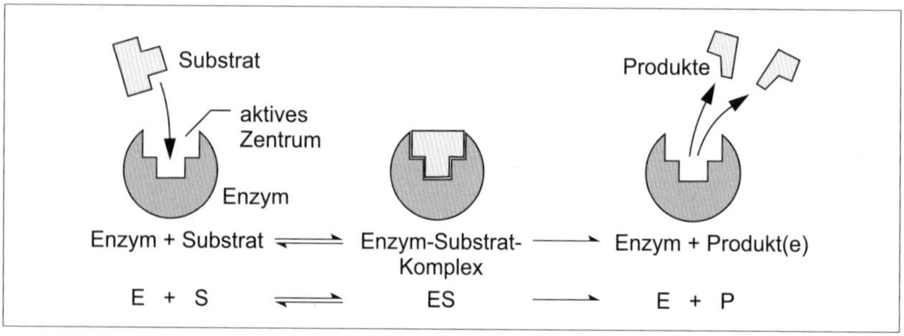

Begründung der Substratspezifität *(AFB II)*:
Enzyme binden und verstoffwechseln aufgrund der Form und des Ladungsmusters ihres aktiven Zentrums nach dem Schlüssel-Schloss-Prinzip (siehe Skizze) nur ganz bestimmte Substrate bzw. Substratgruppen (Substratspezifität).

1.2 Erklärung der Kurvenverläufe *(AFB II)*:

A Zu Beginn der Reaktion ist eine größere Menge an Substratmolekülen vorhanden. Im Verlauf der Reaktion sinkt die Substratkonzentration auf null, da das Substrat enzymatisch abgebaut bzw. umgewandelt wird.

B Zu Beginn der Reaktion liegen keine Enzym-Substrat-Komplexe vor. Ihre Konzentration steigt im Laufe der Reaktion zunächst auf das Ausgangsniveau der Enzymkonzentration an, bleibt dann konstant und sinkt wieder ab, wenn keine ungebundenen Substratmoleküle mehr vorliegen. Enzym-Substrat-Komplexe können sich erst nach Enzymzugabe bilden und treten nach vollständiger Umsetzung des Substrats nicht mehr auf.

C Die Konzentration an freien Enzymmolekülen sinkt im Reaktionsverlauf fast auf null, bleibt auf diesem Niveau und steigt gegen Ende des Zeitraums wieder auf den Ursprungswert an. Die Enzymmoleküle bilden zunächst zunehmend

Enzym-Substrat-Komplexe, liegen dann ausschließlich als Enzym-Substrat-Komplexe und nach Umsetzung aller Substratmoleküle wieder zunehmend frei vor.

1.3 Ergänzung des Verlaufs der Produktkonzentration *(AFB II)*:

> **TIPP** Wenn Sie den Kurvenverlauf ergänzen, kommt es nicht auf Exaktheit an. Aufgrund der Anmerkung in der Aufgabenstellung sollten Sie jedoch darauf achten, dass die Endkonzentration des Produkts in etwa der Substratkonzentration entspricht.

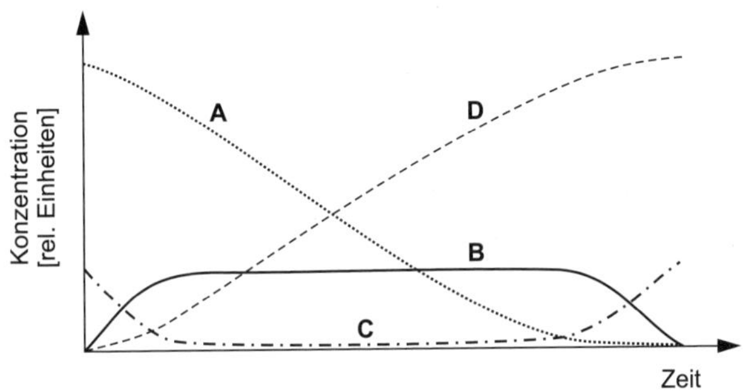

Begründung des Kurvenverlaufs *(AFB II)*:
Produktmoleküle liegen zunächst nicht vor, werden aber im Laufe der Reaktion durch die Umwandlung des Substrats zunehmend erzeugt. Die Konzentration der Produktmoleküle steigt zunächst langsam und dann steiler an. Sobald näherungsweise alle Enzymmoleküle als Enzym-Substrat-Komplexe gebunden sind, ist die maximale Enzymaktivität unter den gegebenen Bedingungen erreicht, sodass die Produktzunahme konstant verläuft. Ist das Substrat (annähernd) verbraucht, nimmt die Produktkonzentration nur noch geringfügig und schließlich nicht mehr zu.

2 Hypothese zur Wirkung von Milchsäurebakterien *(AFB III)*:
Da der Zusatz von Milchsäurebakterien die gleiche Wirkung wie das Enzym Chymosin hat, nämlich die Denaturierung der Milcheiweiße, sind folgende Hypothesen denkbar:

- Milchsäurebakterien produzieren selbst Chymosin oder ein anderes Enzym mit ähnlicher Wirkung auf das Milcheiweiß.
- Milchsäurebakterien produzieren im Zuge ihrer Stoffwechseltätigkeit einen anderen Stoff (z. B. Milchsäure, vgl. Name), der zur Denaturierung von Milcheiweiß führt.

TIPP Tatsächlich bauen Milchsäurebakterien den in der Milch enthaltenen Milchzucker zu Milchsäure ab. Durch die Erniedrigung des pH-Werts der Lösung kommt es im Milcheiweiß zu einer Protonierung (Anlagerung von Protonen) und damit zur Auflösung von Bindungen zwischen Aminosäureresten. Das Milcheiweiß denaturiert (gerinnt) und flockt als fester Bestandteil aus der wässrigen Lösung aus.

Lösung der Einstiegsaufgabe (Prüfungsteil 2)

Erläuterung der wesentlichen Prozessschritte zur Erzeugung genetisch veränderter Bakterien mit dem Enzym für die Lebensmittelindustrie *(AFB II)*:
Siehe Lösungsvorschlag zu 1.2 auf S. 138 f.
Statt des Somatostatin-Gens wird hier das Gen, das für das spezifische Enzym, z. B. Chymosin, codiert, aus tierischen Spenderzellen (Kalb) isoliert und dann in den Vektor eingebaut.

Sachgebiete	Moleküle des Lebens und Grundlagen der Vererbung Zelle und Stoffwechsel

VATER DER EVOLUTIONSTHEORIE MIT VERDAUUNGSPROBLEMEN

Charles DARWIN, der Vater der Evolutionstheorie, klagte nach dem Genuss von Milchprodukten über Blähungen und schwere Durchfälle. Heute vermutet man, dass DARWIN fast 40 Jahre an einer angeborenen Milchzuckerunverträglichkeit (Lactose-Intoleranz) litt. Lactose ist ein Zweifachzucker, der durch das integrale Membranprotein Lactase in den Dünndarmzellen in die beiden Hexosen Glucose und Galactose gespalten wird. Die Spaltprodukte werden über einen spezifischen Carrier in die Dünndarmzelle transportiert. Während der seltenen angeborenen Lactose-Intoleranz eine Mutation im Lactase-Gen zugrunde liegt (Abb. 1), ist die häufigste Ursache einer Milchzuckerunverträglichkeit die für Säugetiere typische Herabregulierung der Expression des Lactase-Gens nach dem Abstillen im Kindes- und Jugendalter.

unveränderte Basenabfolge	3' ... GTCAAGAGGGACCCGACCA ... TAC ... 5'
mutierte Basenabfolge	3' ... GTCAAGGGGACCCGACCA .... ACT ... 5'

Abb. 1: Ausschnitte der Basenfolgen (codogener Strang) des Lactase-Gens einer Person mit funktionsfähiger Lactase (oben) und einer Person mit angeborener Lactose-Intoleranz (unten)

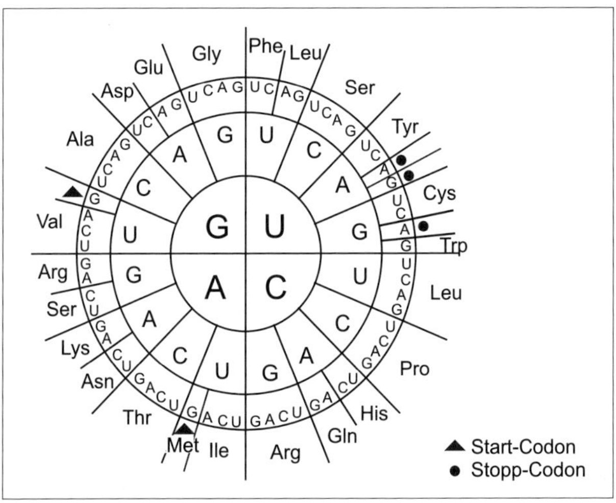

Abb. 2: Codesonne

1.1 **Erstellen** Sie eine **beschriftete Skizze** der Membran einer Dünndarmzelle, die die enzymatische Spaltung der Lactose und die Aufnahme der Spaltprodukte in die Dünndarmzelle zeigt.

1.2 **Benennen** Sie allgemein den vorliegenden Mutationstyp (Abb. 1) und **erläutern** Sie mithilfe der Codesonne (Abb. 2) die Auswirkungen dieser Mutation.

1.3 **Stellen** Sie unter Berücksichtigung der Textinformation eine **begründete Vermutung auf**, um welchen Erbgang es sich bei (der Vererbung) der Lactose-Intoleranz handeln könnte. **Prüfen** Sie vor diesem Hintergrund, ob bereits die Eltern von DARWIN an einer Lactose-Intoleranz gelitten haben könnten.

2 **Stellen** Sie eine **Hypothese auf**, weshalb die Herabregulierung der Expression des Lactase-Gens bei Säugetieren von Vorteil sein könnte.

Einstieg in Prüfungsteil 2: an Musteraufgabe angrenzendes Sachgebiet

Sachgebiet	Einstiegsaufgaben
Evolution	**Erläutern** Sie die Bedeutung von Mutationen für die Evolution von Organismen. **Begründen** Sie, weshalb sich mit der Sesshaftwerdung der Menschen in der Jungsteinzeit (Neolithische Revolution) eine lebenslange Milchverträglichkeit evolutiv als vorteilhaft erwiesen haben könnte.

Lösungsvorschlag – Musteraufgabe 5

Prüfungsinhalte	Biomembran, Transport über Carrierproteine, genetischer Code, Proteinbiosynthese, Schlüssel-Schloss-Modell der Enzymwirkung, genetisch bedingte Erkrankung (rezessiver Erbgang)

TIPP *Allgemeine Bearbeitungshinweise und Tipps zur Vortragsgestaltung*

Lassen Sie sich nicht durch den Themenübergriff in der Aufgabenstellung irritieren. Im Normalfall wird die Prüfungsaufgabe einem einzigen Sachgebiet zuzuordnen sein. Gerade die Sachgebiete „Zelle und Stoffwechsel" und „Moleküle des Lebens und Grundlagen der Vererbung" bieten sich jedoch für eine Verknüpfung an, sodass Sie auf diese Möglichkeit vorbereitet sein sollten.

1.1 **Beschriftete Skizze** der Lactose-Spaltung und Aufnahme der Spaltprodukte *(AFB III)*:

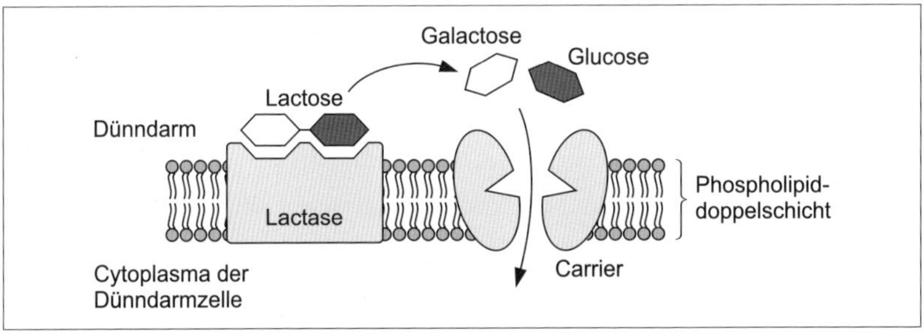

TIPP Sie können auch jeweils ein Carrierprotein für Glucose und eines für Galactose einzeichnen. Da es sich bei beiden Molekülen um Hexosen handelt, ist es allerdings naheliegender, dass ein und dasselbe Transportprotein beide Stoffe transportiert – so wie es auch im Text beschrieben ist.

1.2 **Benennung** des Mutationstyps *(AFB I)*:
Es handelt sich um eine Punktmutation und dabei um den Wegfall (Deletion) einer Base (Adenin).

Erläuterung der Auswirkungen der Mutation *(AFB II)*:

TIPP Hier bietet es sich an, dass Sie zunächst die Aminosäuresequenzen mithilfe der Codesonne bestimmen und anhand des Ergebnisses die Auswirkungen erläutern.

unveränderte Basenabfolge	3' ... GTCAAGAGGGACCCGACCA ... TAC ... 5'
mRNA	5' ... CAG UUC UCC CUG GGC UGG U ... AUG ... 3'
Aminosäuresequenz	Gln Phe Ser Leu Gly Trp Met
mutierte Basenabfolge	3' ... GTCAAGGGGACCCGACCA ... ACT ... 5'
mRNA	5' ... CAG UUC CCC UGG GCU GGU ... UGA ... 3'
Aminosäuresequenz	Gln Phe Pro Trp Ala Gly Stopp

Ab der Mutationsstelle (markiert) wird infolge der Deletion eine veränderte Aminosäureabfolge codiert und es ergibt sich infolgedessen ein Stopp-Codon, das bei der Translation der mRNA einen Kettenabbruch verursacht. Hierdurch entsteht ein verkürztes Polypeptid. Da durch die veränderte Aminosäureabfolge vermutlich auch eine Veränderung der Tertiärstruktur bedingt ist, kann kein funktionsfähiges Lactase-Enzym gebildet werden.

1.3 **Begründete Vermutung** zum Erbgang der angeborenen Lactose-Intoleranz *(AFB III)*:
Aus den Informationen im Aufgabenvortext, dass die Lactose-Intoleranz bei Charles DARWIN angeboren war und dass die angeborene Lactose-Intoleranz sehr selten auftritt, lässt sich schließen, dass es sich um eine rezessiv vererbte Erkrankung handelt. Dabei müssen beide Elternteile zumindest sogenannte Konduktoren (Überträger) des mutierten Allels des Gens gewesen sein.

Prüfung einer möglichen Betroffenheit der Eltern *(AFB II)*:
Lag die Mutation bei den Eltern heterozygot vor, so konnte über das unveränderte Lactase-Allel Lactase produziert werden und die Eltern litten nicht an einer angeborenen Milchzuckerunverträglichkeit. Lag es wie bei ihrem Sohn homozygot vor, so waren bereits auch DARWINs Eltern von einer Lactose-Intoleranz betroffen.

2 **Hypothese** zur Ursache der Herabregulierung der Genexpression *(AFB III)*:
Dadurch dass die Proteinbiosynthese des Enzyms Lactase bei Säugetieren nach der Säugezeit (über genregulatorische Prozesse) eingestellt wird, können Energie und Material eingespart werden, da auf die Synthese von Proteinen verzichtet wird, die der Organismus nicht mehr zwingend benötigt. Nach dem Abstillen ist Milch normalerweise nicht mehr Bestandteil der Nahrung von Säugetieren.

Lösungen der Einstiegsaufgaben (Prüfungsteil 2)

Erläuterung der Bedeutung von Mutationen für die Evolution *(AFB II)*:
Mutationen sind eine Ursache der genetischen und damit auch phänotypischen Variabilität von Populationen. Nur wenn es Merkmalsvarianten (in einer Population) gibt, können Selektionsfaktoren unterschiedlich auf einzelne Organismen wirken und diese

auslesen. Da die genetischen Eigenschaften vererbbar sind, werden sie an Nachkommen weitergegeben. Über lange Zeiträume kommt es so zu einer Veränderung des Genpools von Populationen.

Begründung des evolutiven Vorteils lebenslanger Milchverträglichkeit *(AFB III)*:
Mit Sesshaftwerdung der Menschen in der Jungsteinzeit etablierte sich (regional) auch die Haltung von Nutztieren wie Schafen und Ziegen. Durch die Fähigkeit, deren lactosehaltige Milch zu verwerten, erschloss sich eine neue Nahrungsquelle und die Möglichkeit zur Herstellung diverser, auch konservierbarer Milchprodukte. Diese zusätzliche Versorgung mit Nährstoffen bedeutete eine gesteigerte Vitalität und Überlebenswahrscheinlichkeit der Menschen.

Sachgebiet Moleküle des Lebens und Grundlagen der Vererbung

STREPTOMYCES – HUMUS- UND ANTIBIOTIKA-PRODUZENT

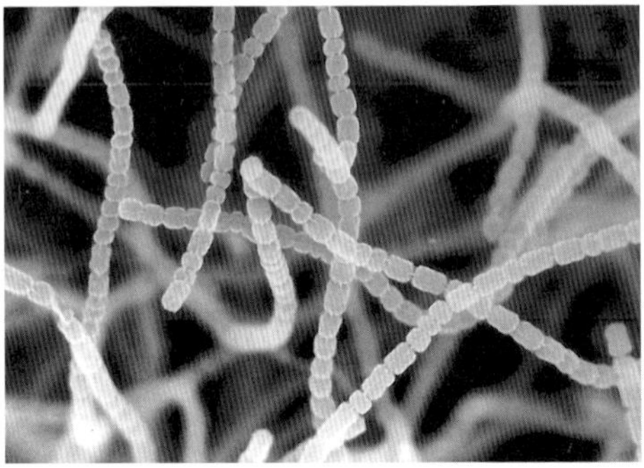

Abb.: Luftmyzel mit Sporen von *Streptomyces griseus* © *S. Amano, S. Miyadoh & T. Shomura; The society for Actinomycetes Japan/Wikimedia; CC BY-SA 4.0*

Es gibt ca. 600 verschiedene Streptomyces-Arten, die hauptsächlich in unseren Böden vorkommen und für den spezifischen Geruch frischer Erde verantwortlich sind. Streptomyceten bilden ähnlich wie Pilze ein fadenförmiges, verzweigtes Geflecht (Myzel) aus. Bei ausreichend Nahrung wachsen die Bakterienkolonien vegetativ; gehen die Nährstoffe zur Neige, bilden sie ein Luftmyzel mit Sporen aus (Abb.) und es kommt zu einer verstärkten Produktion und Freisetzung von Antibiotika. Etwa 70 % aller aus Bakterien isolierten Antibiotika stammen aus Streptomyceten. Dazu zählt z. B. auch Tetracyclin, ein Breitbandantibiotikum, das zur Behandlung vieler bakterieller Infektionen angewandt wird. Es wirkt bakteriostatisch, also wachstumshemmend auf Bakterien, indem es an die kleine Untereinheit der bakteriellen Ribosomen bindet und so die Anlagerung der tRNA an die Ribosomen verhindert. Als Nebenwirkungen treten häufig Verdauungsprobleme mit Durchfall auf.

1.1 **Vergleichen** Sie das tRNA-Molekül mit dem DNA-Molekül.

1.2 **Erläutern** Sie die Wirkung von Tetracyclin auf die Proteinbiosynthese und **begründen** Sie in diesem Zusammenhang, weshalb Tetracyclin lediglich bakteriostatisch und nicht bakterizid (bakterienabtötend) wirkt.

1.3 **Erklären** Sie die angeführten Nebenwirkungen.

2 **Begründen** Sie, weshalb Streptomyces-Kolonien bei Nahrungsmangel Sporen und verstärkt auch Antibiotika bilden und freisetzen.

Einstieg in Prüfungsteil 2: an Musteraufgabe angrenzendes Sachgebiet

Sachgebiet	Einstiegsaufgaben
Zelle und Stoffwechsel	Auch wenn Streptomyceten auf den ersten Blick wie Pilze aussehen, gehören sie zu den Prokaryoten. **Nennen** Sie Unterschiede zwischen einer Streptomyces- und einer Pilzzelle. **Stellen** Sie eine **Hypothese auf**, weshalb die Proteinbiosynthese menschlicher Zellen nicht durch Tetracyclin gehemmt wird.

Lösungsvorschlag – Musteraufgabe 6

Prüfungsinhalte Struktur von DNA und RNA, Proteinbiosynthese (Translation), Bakterien, Wirkung von Antibiotika

TIPP *Allgemeine Bearbeitungshinweise und Tipps zur Vortragsgestaltung*

Zur Bearbeitung dieser Aufgabe sollten Sie sich vorab im Überblick die Teilprozesse der Proteinbiosynthese vergegenwärtigen, auch um auf eventuelle Rückfragen zu Ihrem Vortrag vorbereitet zu sein. Rufen Sie sich dabei am besten auch die diesbezüglich grundlegenden Unterschiede zwischen pro- und eukaryotischen Zellen in Erinnerung.

1.1 Vergleich von tRNA- und DNA-Molekülen *(AFB II)*:

TIPP Der Operator „vergleichen" umfasst die Nennung von Gemeinsamkeiten und Ähnlichkeiten sowie von Unterschieden. Durch die Offenheit der Aufgabe kann sowohl ein struktureller als auch ein funktioneller Vergleich erfolgen – oder auch beides.

Gemeinsamkeiten:
- Beide Moleküle gehören zu den Nukleinsäuren, die durch Verkettung einzelner Nukleotide gebildet werden. Dabei ergibt sich eine Abfolge aus Einfachzuckern, an die jeweils eine stickstoffhaltige Base gebunden ist, und Phosphorsäureestern.
- In beiden Molekülen kommt es zu komplementären Basenpaarungen.

Unterschiede:
- Statt des Zuckers Desoxyribose (DNA) enthält die tRNA den Zucker Ribose.
- Die tRNA enthält anstelle der Base Thymin (DNA) die Base Uracil.
- Das tRNA-Molekül ist deutlich kürzer als das DNA-Molekül.
- Das tRNA-Molekül ist einzelsträngig, das DNA-Molekül doppelsträngig.

- Bei der tRNA liegen nur in Teilbereichen des Einzelstrangs komplementäre Basenpaarungen vor, was in der Ausbildung einer kleeblattähnlichen räumlichen Struktur resultiert. Demgegenüber sind alle Basen der DNA komplementär gepaart und die Einzelstränge zu einer doppelhelikalen Struktur verwunden.
- In der charakteristischen Basenabfolge der DNA liegt die Erbinformation codiert. Das tRNA-Molekül dient als Adaptermolekül, das zu jedem Basentriplett auf der mRNA die entsprechende Aminosäure bereitstellt.

1.2 **Erläuterung** der Tetracyclinwirkung auf die Proteinbiosynthese *(AFB II)*:
Da Tetracyclin an die kleine Untereinheit der bakteriellen Ribosomen bindet und so die Anlagerung der tRNA und damit die Bereitstellung der Aminosäuren verhindert, kann die in der Abfolge der mRNA-Basentripletts (Codons) codierte Aminosäuresequenz durch die Ribosomen nicht gebildet werden. Somit wird die Translation blockiert und es entstehen keine neuen funktionellen Proteine mehr.

Begründung der bakteriostatischen Wirkung *(AFB II)*:
Da keine neuen Proteine (insbesondere Enzyme) mehr nachgeliefert werden, kommt es zu einer Hemmung des bakteriellen Wachstums und der Vermehrung. Abgetötet werden die Bakterien dadurch nicht unmittelbar, da noch funktionsfähige Proteine für die Aufrechterhaltung des bakteriellen Stoffwechsels zur Verfügung stehen.

TIPP In Kombination mit der bakteriziden Wirkung des menschlichen Immunsystems genügt häufig eine bakteriostatische Wirkung von Antibiotika, um eine Infektion erfolgreich bekämpfen zu können.

1.3 **Erklärung** der Nebenwirkungen *(AFB III)*:
Wie der Name „Breitbandantibiotikum" bereits impliziert, wirkt Tetracyclin auf eine Vielzahl unterschiedlicher Bakterienspezies. Darunter auch auf im Darm natürlich vorkommende Bakterien, die eine wichtige Rolle bei der Verdauung spielen. Daher kommt es zu einer Störung des natürlichen Gleichgewichts der Darmflora, in deren Folge Verdauungsbeschwerden und Durchfall auftreten können.

TIPP Zu schweren Durchfallerscheinungen kann es kommen, wenn sich durch die Reduktion der natürlichen Darmflora konkurrierende, weniger empfindliche infektiöse Bakterien ausbreiten können.

2 **Begründung** der Sporenbildung und der Antibiotikaproduktion *(AFB III)*:
Neigen sich die Nahrungsreserven dem Ende zu, ermöglicht die Sporenbildung sowohl eine Überdauerung als auch die Erschließung neuer Lebensräume durch Ausbreitung mittels Wind oder (bodenlebender) Insekten.
Die verstärkte Produktion und Freisetzung von Antibiotika wirkt auf konkurrierende Bakterien der Umgebung wachstumshemmend, sodass sich hierdurch für

die Streptomyces-Kolonie und deren Sporen ein exklusiver Zugang zu den spärlich gewordenen Nährstoffen und damit ein Überlebensvorteil gegenüber ihren Konkurrenten ergibt.

Lösungen der Einstiegsaufgaben (Prüfungsteil 2)

Nennung von Unterschieden zwischen Streptomyces- und Pilzzelle *(AFB I)*:

> **TIPP** Wie schon in der Aufgabenstellung anklingt, geht es hier darum, grundlegende Unterschiede zwischen den Zelltypen der Prokaryoten und der Eukaryoten zu benennen. Sie müssen also keine spezifischen Eigenschaften von Streptomyceszellen (Procyte) oder Pilzzellen (Eucyte) kennen.

Merkmal	**Streptomyces**	**Pilzzelle**
Zellkern	fehlt	echter Zellkern
DNA	liegt frei im Zellplasma als ringförmiges Molekül vor	im Zellkern lokalisiert (Chromosomen) sowie in Mitochondrien
membranumhüllte Zellorganellen	fehlen	vorhanden, z. B. Mitochondrium, Golgi-Apparat
Kompartimentierung	kaum ausgeprägt	stark ausgeprägt

Hypothese zur Unempfindlichkeit menschlicher Zellen *(AFB III)*:
Die Ribosomen von Bakterien unterscheiden sich strukturell von menschlichen (eukaryotischen) Ribosomen, sodass Tetracyclin nicht an deren kleine Untereinheit binden und die Funktion des Ribosoms nicht hemmen kann.
Alternativ wäre auch die Vermutung möglich, dass Tetracyclin aufgrund der Membraneigenschaften prokaryotischer Zellen nur in diese Zellen gelangen kann, nicht jedoch in menschliche (eukaryotische) Zellen.

> **TIPP** Nur eine Hypothese ist verlangt (wobei die erste Aussage zutreffend ist). Wenn Sie mehrere plausible Möglichkeiten anbieten können, stellen Sie damit Ihre Fachkenntnis und Flexibilität unter Beweis.

Sachgebiet Moleküle des Lebens und Grundlagen der Vererbung

HORMONELLE URSACHEN VON KLEINWÜCHSIGKEIT

Eine entscheidende Rolle für das körperliche Wachstum spielt das Wachstumshormon Somatotropin und dessen Rezeptor in den jeweiligen Zielzellen. Bei einem Somatotropinmangel oder einem verringerten Ansprechen der Zielzellen auf das Protein kann es zu einem eingeschränkten Körperwachstum kommen. Zur Behandlung dieser Form von Kleinwuchs wurde bis Anfang 1985 das Hormon aus den Hirnanhangsdrüsen Verstorbener isoliert und verwendet. Seit Ende 1985 wird Somatotropin mithilfe gentechnisch veränderter Organismen gewonnen.
Somatotropin besteht aus 191 Aminosäuren. Ein sehr kurzer Abschnitt der Aminosäuresequenz ist in Abbildung 1 dargestellt.

– Pro – Cys – Gln –

Abb. 1: Ausschnitt aus der Aminosäuresequenz von Somatotropin

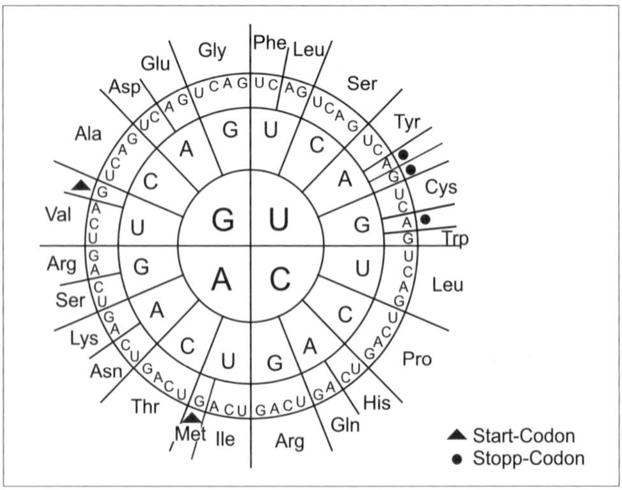

Abb. 2: Codesonne

1.1 Beschreiben Sie im Wesentlichen die Schritte bei der Umsetzung der genetischen Information vom Gen zum Somatotropin-Protein. **Nennen** Sie die dafür benötigten Monomere.

1.2 **Erstellen** Sie mithilfe der Codesonne (Abb. 2) eine mögliche Basensequenz des codogenen DNA-Abschnitts, der die angegebene Aminosäuresequenz (Abb. 1) codiert. **Erläutern** Sie in diesem Zusammenhang den Begriff der Redundanz des genetischen Codes.

1.3 **Begründen** Sie mögliche genetische Ursachen für einen Somatotropinmangel und für ein verringertes Ansprechen der Zielzellen auf Somatotropin.

2 **Erläutern** Sie zwei Vorteile der gentechnischen Herstellung von Somatotropin gegenüber der Gewinnung des Hormons aus Hirnanhangsdrüsen verstorbener Personen.

Einstieg in Prüfungsteil 2: an Musteraufgabe angrenzendes Sachgebiet

Sachgebiet	Einstiegsaufgaben
Angewandte Biologie	**Erläutern** Sie die Herstellung eines rekombinanten Plasmids, das das Gen für Somatotropin trägt.
Aufnahme, Weitergabe und Verarbeitung von Informationen	Der Körper empfängt auch Signale aus der Umwelt. **Nennen** Sie zwei unterschiedliche Umweltreize und die sie aufnehmenden Rezeptoren. **Erläutern** Sie prinzipiell, wie die Weitergabe aufgenommener Signale an das Gehirn geschieht.

Lösungsvorschlag – Musteraufgabe 7

Prüfungsinhalte	Proteinbiosynthese (Transkription und Translation), Codesonne, Redundanz des genetischen Codes, Genmutationen (Punktmutation)

TIPP *Allgemeine Bearbeitungshinweise und Tipps zur Vortragsgestaltung*

Diese Aufgabe erfordert gute Kenntnisse der Proteinbiosynthese und zu Auswirkungen von Mutationen auf molekularer Ebene. Auf dieser Basis dürfte Ihnen die Bearbeitung keine Schwierigkeiten bereiten, selbst wenn Sie im Material mit einem Protein/Hormon konfrontiert werden, das Sie eventuell nicht kennen.

1.1 **Beschreibung** der Umsetzung der genetischen Information zum Protein und **Nennung** der Monomere *(AFB I)*:

TIPP In der Aufgabenstellung ist die Beschreibung „im Wesentlichen" gefordert, sodass Sie nicht ins Detail gehen müssen. Auf eventuelle Nachfragen dazu sollten Sie aber im Anschluss an den Vortrag vorbereitet sein.

- Transkription: Umschreibung der Basensequenz des Somatotropin-Gens durch die RNA-Polymerase im Zellkern in eine RNA-Basensequenz (mRNA), die über die Kernporen ins Cytoplasma gelangt.
  Benötigte Monomere: Nukleotide
- Translation: Übersetzung der Basensequenz der mRNA in die Aminosäuresequenz des Somatotropin-Proteins an den Ribosomen.
  Benötigte Monomere: Aminosäuren

1.2 **Erstellung** einer möglichen Basensequenz *(AFB I)*:

Aminosäuresequenz:	– Pro – Cys – Gln –
mRNA: alternativ (z. B.):	5' … CCC UGU CAA … 3' 5' … CC**G** UG**C** CA**G** … 3'
DNA (codogener Strang): alternativ:	3' … GGG ACA GTT … 5' 3' … GGC ACG GTC … 5'

Erläuterung des Begriffs der Redundanz des genetischen Codes *(AFB II)*:
Mit dem Begriff der Redundanz des Codes ist gemeint, dass viele Aminosäuren durch mehrere Basentripletts codiert sein können. So werden die in Abbildung 1 aufgeführten Aminosäuren jeweils durch mindestens zwei mRNA-Tripletts codiert, die sich jeweils in der dritten Base unterscheiden (vgl. Codesonne).

1.3 Begründung genetischer Ursachen *(AFB III)*:
Als eine mögliche, naheliegende genetische Ursache käme eine Punktmutation (Austausch einer Base durch eine andere Base oder Einschub bzw. Verlust einer Base mit Verschiebung des Leserasters) in den Strukturgenen infrage, die Somatotropin bzw. dessen Rezeptor codieren.

- Somatotropinmangel:
  Beispielsweise könnte durch den Einbau einer falschen Base ein Stopp-Codon entstehen, sodass die Translation der mRNA verfrüht abgebrochen wird. Somit wird kein funktionelles Protein gebildet und es kommt zu einem Mangel an diesem Hormon.
- Verringertes Ansprechen der Zielzellen auf Somatotropin:
  Beispielsweise könnte es (mutationsbedingt) durch den Einbau falscher Aminosäuren zu einer veränderten Tertiärstruktur des Somatotropin-Rezeptors und damit auch zu einer veränderten Bindestelle für Somatotropin kommen. Die Zielzellen könnten dann schlechter auf das durch Somatotropin vermittelte Wachstumssignal reagieren.

2 Erläuterung zweier Vorteile der gentechnischen Herstellung *(AFB II, III)*:

- Das Hormon kann gentechnisch in großen Mengen und kontinuierlich bereitgestellt werden, während die Gewinnung aus Menschen abhängig von der Verfügbarkeit verstorbener Personen ist.
- Eine höhere gesundheitliche Sicherheit ist durch die kontrollierten Produktionsbedingungen gewährleistet, da es beispielsweise nicht zur Kontamination mit Pathogenen kommen kann.

> TIPP Bei der Somatotropin-Gewinnung aus Hirnanhangsdrüsen Verstorbener bestehen größere Infektionsrisiken, z. B. durch HI-Viren oder abnorm gefaltete Proteine, sogenannte Prionen.

- Die Hormongewinnung ist in ethischer Hinsicht unproblematischer, da keine Eingriffe an Verstorbenen erfolgen müssen.
- Die weitgehend automatisierte Produktion und Aufreinigung verursacht letztlich einen geringeren Arbeits- und Materialaufwand als die Extraktion des Proteins aus Menschen und ist damit vermutlich kostensparender.

> TIPP Nur die Erläuterung zweier Vorteile ist gefordert. Wenn Ihnen allerdings noch Zeit zur Verfügung steht, können Sie auch noch weitere Punkte ansprechen, die Ihnen relevant erscheinen. Das kann sich positiv auf die Bewertung Ihres Vortrags auswirken.

Erläuterung der Herstellung eines rekombinanten Plasmids mit Somatotropin-Gen *(AFB II)*:
Siehe Lösungsvorschlag zu 1.2 auf S. 138 f.
Anstelle des Somatostatin-Gens wird das Gen, das für das Protein Somatotropin codiert, aus Spender-DNA isoliert und nach dem beschriebenen Verfahren in ein Plasmid eingebaut.

Nennung zweier Umweltreize und der sie aufnehmenden Rezeptoren *(AFB I)*:
- Lichtreize: Fotorezeptoren
- taktile Reize: Mechanorezeptoren
- olfaktorische und gustatorische Reize: Chemorezeptoren
- thermische Reize: Thermorezeptoren

Erläuterung der Weitergabe aufgenommener Signale an das Gehirn *(AFB II)*:
Durch Rezeptoren aufgenommene Signale werden über afferente Nervenfasern in Form von Aktionspotenzialen an verschiedene Gehirnregionen weitergeleitet, wo (ggf.) eine Verrechnung der Signale und letztlich die Wahrnehmung des Reizes erfolgt.

Sachgebiet Aufnahme, Weitergabe und Verarbeitung von Informationen

EIN MODELLVERSUCH ZUR ENTSTEHUNG DES RUHEPOTENZIALS

In einem Experiment sind zwei Kammern eines Gefäßes durch eine kationenpermeable Membran getrennt und jeweils mit destilliertem Wasser gefüllt (Abb. 1). In der linken Kammer befindet sich eine Messelektrode, in der rechten Kammer die Bezugselektrode. Mit einem Spannungsmessgerät (Voltmeter) kann die Spannung über der Membran registriert werden. Zum Zeitpunkt t_0 wird eine Kaliumchlorid-Lösung in die linke Kammer hinzugegeben. Kaliumchlorid dissoziiert in Wasser in K^+-Ionen und Cl^--Ionen. Die in Abbildung 2 gezeigte Kurve wird während des Experiments aufgezeichnet.

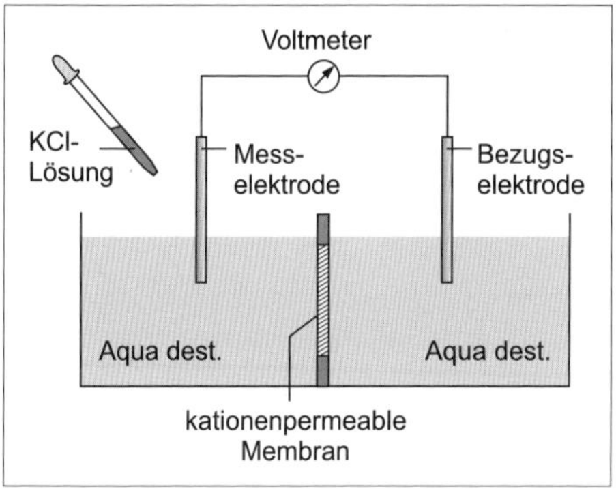

Abb. 1: Aufbau der Experimentierkammer

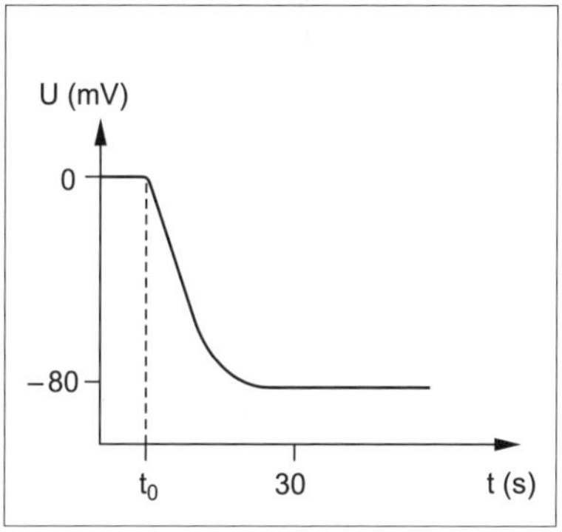

Abb. 2: Spannung-Zeit-Diagramm

1.1 **Erklären** Sie die auf molekularer Ebene ablaufenden Vorgänge, die zu dem in Abbildung 2 dargestellten Spannungsverlauf führen.

1.2 **Ordnen** Sie folgenden Komponenten der Experimentierkammer (Abb. 1) eine Entsprechung beim Neuron **zu**: linke Kammer, rechte Kammer, kationenpermeable Membran.

1.3 **Vergleichen** Sie den Modellversuch mit der Entstehung des Ruhepotenzials am Axon. **Bewerten** Sie vor dem Hintergrund Ihres Vergleichs die Eignung dieses Modellversuchs zur Veranschaulichung der Entstehung des Ruhepotenzials am Axon.

2 **Begründen** Sie, weshalb Neurone ein Ruhepotenzial aufweisen müssen.

Einstieg in Prüfungsteil 2: an Musteraufgabe angrenzendes Sachgebiet

Sachgebiet	Einstiegsaufgabe
Zelle und Stoffwechsel	**Ordnen** Sie der Natrium-Kalium-Pumpe **begründet** einen Transportmechanismus durch die Biomembran **zu**.

Lösungsvorschlag – Musteraufgabe 8

Prüfungsinhalte	Ruhepotenzial (Entstehung und Bedeutung), Osmose, selektiv permeable Membran, osmotische und elektromotorische Kraft, Axon, Modell

TIPP *Allgemeine Bearbeitungshinweise und Tipps zur Vortragsgestaltung*

Bevor Sie mit der Beantwortung der Fragen beginnen, ist es sinnvoll, den Versuchsaufbau des Experiments kurz mit eigenen Worten wiederzugeben.

1.1 Erklärung des Spannungsverlaufs *(AFB II)*:

TIPP Es empfiehlt sich, zunächst darauf einzugehen, dass bei diesem Versuchsaufbau Potenzialdifferenzen zwischen der Bezugs- und der Messelektrode gemessen werden. Auch die Verwendung destillierten Wassers, das weitgehend ionenfrei ist, können Sie als Versuchsvoraussetzung vorab thematisieren.

- Bis zum Zeitpunkt t_0 liegt keine Potenzialdifferenz vor, da beide Kammern mit destilliertem Wasser gefüllt sind und daher kein Ladungs- und Konzentrationsunterschied besteht (U = 0 mV).
- Mit der Zugabe der Kaliumchlorid-Lösung zum Zeitpunkt t_0 diffundieren K^+-Ionen entlang ihres Konzentrationsgradienten durch die für Kationen permeable Membran in die rechte Kammer. Da die negativ geladenen Chloridionen die Membran nicht (entlang ihres Konzentrationsgradienten) passieren können, bildet sich in der linken Kammer ein Überschuss an negativen Ladungen, sodass eine zunehmend negativer werdende Spannung gemessen werden kann.
- Die durch den K^+-Ionenstrom anwachsende Ladungsdifferenz (Überschuss negativer Ladungsträger in der linken und Überschuss positiver Ladungsträger in der rechten Kammer) wirkt der Diffusion der K^+-Ionen in die rechte Kammer entgegen; der Spannungsaufbau verlangsamt sich zunehmend.
- Entspricht, bezogen auf die K^+-Ionen, die osmotische Kraft zum Konzentrationsausgleich der elektromotorischen Kraft zum Ladungsausgleich, entsteht ein dynamisches Gleichgewicht der K^+-Ionenbewegung zwischen beiden Kammern und die gemessene Spannung bleibt konstant.

1.2 Zuordnung der Versuchskomponenten zu neuronalen Strukturen *(AFB II)*:

Komponente der Experimentierkammer	Struktur des Neurons
linke Kammer	Cytoplasma innerhalb des Axons (Axoplasma)
rechte Kammer	Umgebungsmedium (extrazelluläre Flüssigkeit, die das Neuron umgibt)
kationenpermeable Membran	selektiv permeable Axonmembran

1.3 Vergleich des Modellversuchs mit der Entstehung des Ruhepotenzials *(AFB I)*:

TIPP Der Operator „vergleichen" umfasst die Nennung von Gemeinsamkeiten und Ähnlichkeiten sowie von Unterschieden.

Gemeinsamkeiten: Wie beim Ruhepotenzial wird auch hier die Potenzialdifferenz durch die hohe Permeabilität der Kaliumionen bedingt. Auch die selektive Permeabilität der Axonmembran für unterschiedliche Ionensorten wird durch die kationenpermeable Membran im Modell prinzipiell abgebildet. Wie an der realen Axonmembran stellt sich daher auch hier nach kurzer Zeit ein dynamisches Gleichgewicht ein, messbar als konstante negative Spannung.

Unterschiede: Das Modell gibt nicht die Beteiligung weiterer Ionen (Cl^-- und Na^+-Ionen sowie organischer Anionen) an der Entstehung des Ruhepotenzials wieder. Insbesondere die Tatsache, dass die im Modell eingesetzten Chlorid-Anionen mit den negativ geladenen organischen Ionen im Axoplasma zu analogisieren sind, stellt einen wesentlichen Unterschied zu den Verhältnissen am Axon dar. Auch die entsprechenden Ionenkanäle in der Axonmembran sowie die Notwendigkeit der Tätigkeit der Natrium-Kalium-Pumpe zur Aufrechterhaltung des Ruhepotenzials bildet das Modell nicht ab.

Bewertung der Eignung des Modellversuchs zur Veranschaulichung der Entstehung des Ruhepotenzials *(AFB III)*:

TIPP Hier wird eine begründete Einschätzung der fachlichen Eignung dieses Modells für die Entstehung des Ruhepotenzials am Axon erwartet. Dabei sollten Sie sich bewusst sein, dass ein Modell als vereinfachtes Abbild der Realität einerseits zwar nie den Anspruch hat, die realen (zumeist zu komplexen) Verhältnisse detailgetreu wiederzugeben, andererseits aber auch keine widersprüchlichen Aspekte beinhalten sollte. Vor diesem Hintergrund können Sie zu unterschiedlichen Bewertungen kommen.

- Das Modell eignet sich nur mäßig zur Veranschaulichung, da es, stellvertretend für die im Axoplasma verbleibenden, unkompensierten organischen Anionen negativ geladene Cl^--Ionen einsetzt und damit über die vertretbare Reduktion

der Komplexität hinausgeht. Besonders in Verbindung mit der Tatsache, dass der Cl^--Ionengradient im Neuron zwischen Axoplasma und Außenmedium gerade umgekehrt vorliegt wie im Modellversuch, zeigt das Modell eine nicht hinzunehmende Verfälschung der realen Verhältnisse am Axon.
- Das Modell eignet sich gut, um die Entstehung des Ruhepotenzials im Wesentlichen nachvollziehbar zu machen. Sowohl den Konzentrationsunterschied an K^+-Ionen als auch die selektive Permeabilität der Membran sowie die auftretenden Kräfte (osmotische und elektromotorische Kräfte) gibt das Modell wieder. Die problematische Analogisierung der organischen Anionen mit den Chlorid-Anionen ist vor diesem Hintergrund hinzunehmen.

2 **Begründung**, weshalb Neurone ein Ruhepotenzial aufweisen müssen *(AFB II)*: Neurone dienen der Signalaufnahme, -verarbeitung, -weiterleitung und -übertragung. Um ein Signal bilden zu können, muss sich der Zustand des Systems (Zelle) lokal verändern können. Die ungleiche Ionenverteilung und die Ladungstrennung im Zustand des Ruhepotenzials sind Voraussetzung dafür, dass ein Signal (Potenzialveränderung) durch Einstrom positiv geladener Natriumionen entlang ihres chemischen und elektrischen Gradienten in das Axoplasma entstehen kann.

Lösung der Einstiegsaufgabe (Prüfungsteil 2)

Begründete Zuordnung der Natrium-Kalium-Pumpe zu einem Transportmechanismus *(AFB II)*:
Es handelt sich um einen aktiven Transport, da das Protein Energie in Form von ATP benötigt, um Natrium- und Kaliumionen gegen das jeweilige Konzentrationsgefälle (in entgegengesetzter Richtung) durch die Membran zu schleusen *(Antiport)*.

Baden-Württemberg ▪ Biologie Basisfach
Mündliche Abiturprüfung ▪ Musteraufgabe 9

Sachgebiet Aufnahme, Weitergabe und Verarbeitung von Informationen

LIDOCAIN

Bei vielen zahnärztlichen Behandlungen wird eine örtliche Betäubung vorgenommen. Dabei kommt häufig das Lokalanästhetikum Lidocain in Kombination mit dem vasokonstriktorisch (gefäßverengend) wirkenden Adrenalin zum Einsatz. Lidocain blockiert reversibel vom Zellinneren sensibler Nervenfasern spannungsabhängige Natriumionenkanäle in der Membran des Axons (siehe Abbildung). Dadurch wird die Erregungsleitung verhindert und so die Schmerzempfindung ausgeschaltet. Die Wirkung tritt bereits nach 1–3 Minuten ein und hält je nach Adrenalinzusatz 1 bis 3 Stunden an. Lidocain wird größtenteils in der Leber abgebaut und mit dem Urin ausgeschieden.

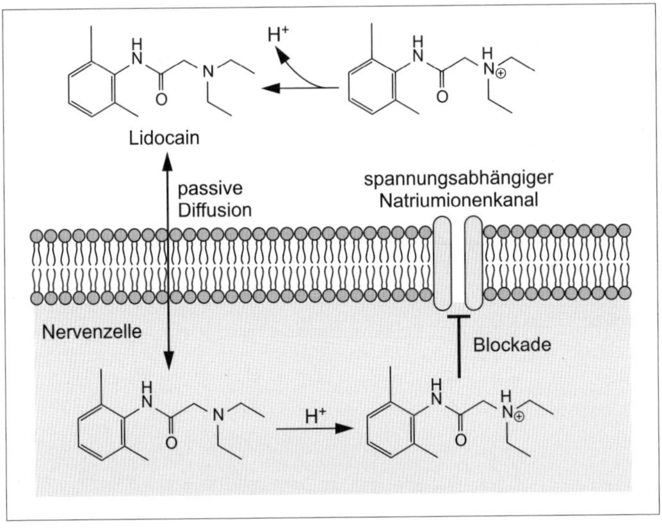

Abb.: Schema zur Wirkung von Lidocain
verändert nach: www.pharmawiki.ch/wiki/index.php?wiki=Lidocain

1.1 **Zeichnen** Sie ein beschriftetes Diagramm, das den Verlauf eines Aktionspotenzials zeigt, und **erläutern** Sie die auf molekularer Ebene ablaufenden Vorgänge, die zu diesem Spannungsverlauf führen.

1.2 **Zeichnen** Sie in Ihr Diagramm aus 1.1 den Spannungsverlauf nach einer Reizung unter Lidocain-Einwirkung ein und **begründen** Sie diesen.

2 Häufig klagen Patient*innen darüber, sich nach einer Zahnbehandlung mit Lokalanästhesie für kurze Zeit nicht mehr richtig artikulieren zu können. **Erläutern** Sie die Ursache hierfür.

3 **Begründen** Sie, weshalb die Wirkdauer von Lidocain durch Zusatz von Adrenalin in unterschiedlicher Konzentration gesteuert werden kann.

Einstieg in Prüfungsteil 2: an Musteraufgabe angrenzendes Sachgebiet

Sachgebiet	Einstiegsaufgaben
Zelle und Stoffwechsel	**Nennen** Sie wesentliche Eigenschaften von Biomembranen. **Begründen** Sie vor diesem Hintergrund, weshalb Lidocain, um ins Axon zu gelangen, in deprotonierter Form vorliegen muss (siehe Abbildung).
Moleküle des Lebens und Grundlagen der Vererbung	Bei manchen Menschen ist die Schmerzempfindlichkeit durch eine Punktmutation im Gen, das für den Natriumionenkanal in Axonen der Schmerzbahnen codiert, erhöht. **Erklären** Sie den Begriff Punktmutation und **stellen** Sie eine **Hypothese auf**, die die erhöhte Schmerzempfindlichkeit dieser Personen erklären kann.

Lösungsvorschlag – Musteraufgabe 9

Prüfungsinhalte	Aktionspotenzial, Wirkung von Betäubungsmitteln, afferente und efferente Nervenfasern, Stresshormon Adrenalin

TIPP *Allgemeine Bearbeitungshinweise und Tipps zur Vortragsgestaltung*

Lassen Sie sich bei der Materialskizze nicht durch die Strukturformeln verwirren, die im Kontext der Prüfungsaufgabe nur informativen Charakter haben. Seien Sie aber darauf vorbereitet, dass im anschließenden Prüfungsgespräch, in dem ein anderes Sachgebiet thematisiert wird, ggf. auf solche Details zurückgegriffen werden kann.

1.1 Zeichnung eines Diagramms mit Aktionspotenzialverlauf *(AFB I)*:

TIPP Achten Sie darauf, dass Ihre Skizze ausreichend groß ist (mindestens ½ A4-Seite). So ist die Übersichtlichkeit gewährleistet und Sie stellen auch sicher, dass Sie für die Ergänzung (Aufgabe 1.2) genügend Platz haben.

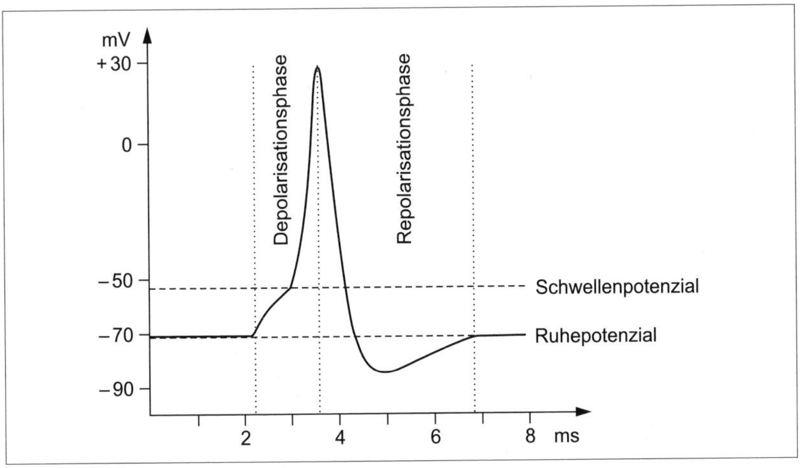

Erläuterung der Vorgänge auf molekularer Ebene *(AFB I)*:

- Depolarisationsphase: Die Membran wird z. B. durch eine äußere Reizung depolarisiert. Überschreitet diese Depolarisation einen bestimmten Schwellenwert, öffnen sich spannungsgesteuerte Na^+-Ionenkanäle, sodass Na^+-Ionen einströmen (Diffusion gemäß Konzentrationsgefälle). Es kommt durch positive Rückkopplung zur Öffnung weiterer Kanäle und so zu einem schnellen und starken Na^+-Ioneneinstrom, der eine Umpolung der Membran(spannung) von ca. –70 mV auf ca. +30 mV bewirkt. Die spannungsgesteuerten Na^+-Ionenkanäle schließen sich rasch wieder und es öffnen sich (verzögert) spannungsgesteuerte K^+-Ionenkanäle.

- Repolarisationsphase: Die Öffnung der K^+-Ionenkanäle bewirkt einen schnellen K^+-Ionenausstrom (entlang des Konzentrationsgefälles), sodass die Membran repolarisiert wird. Dabei kann es kurzzeitig zur Hyperpolarisation kommen, da sich die K^+-Ionenkanäle zeitverzögert schließen. Anschließend wird das Ruhepotenzial wieder erreicht.

TIPP Die Erläuterung der Funktion der Kalium-Natrium-Pumpe und der Refraktärzeit wird bei dieser Aufgabenstellung nicht erwartet. Insofern Sie den zeitlichen Rahmen einhalten, können Sie diese Aspekte aber natürlich ansprechen, um Ihre Kenntnisse unter Beweis zu stellen.

1.2 Zeichnung des Spannungsverlaufs unter Lidocain-Einwirkung *(AFB II)*:

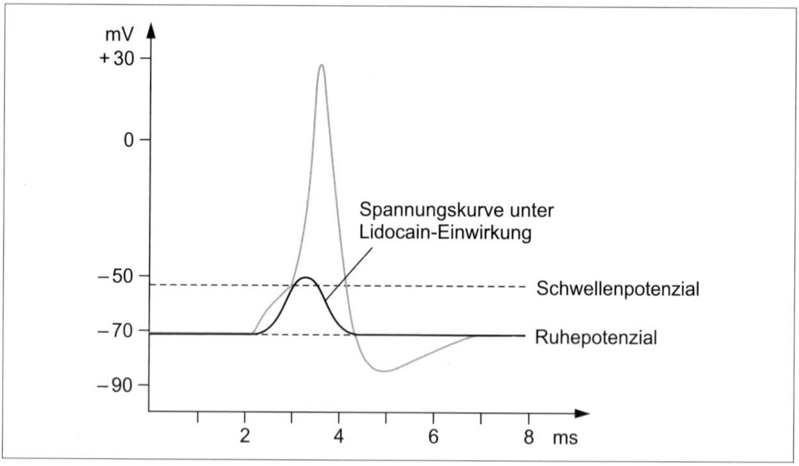

Begründung des Spannungsverlaufs unter Lidocain-Einwirkung *(AFB II)*:
Da Lidocain durch die Membran sensibler Nervenzellen diffundiert und von der Zellinnenseite an spannungsabhängige Natriumionenkanäle in der Membran bindet, werden diese blockiert. Kommt es zu einer (schmerz)reizbedingten Depolarisation der Zelle, wird der Einstrom von Natriumionen ins Axoplasma durch die Hemmung der Kanäle stark vermindert. Selbst wenn der Schwellenwert erreicht wird, kommt es durch die Blockade der spannungsabhängigen Natriumionenkanäle nicht zur Bildung eines Aktionspotenzials. Da sich zeitlich verzögert Kaliumionenkanäle öffnen, kommt es wieder zu einer Repolarisation.

> **TIPP** Auch ein Spannungsverlauf mit einem Maximum unterhalb des Schwellenpotenzials und/oder mit einer Hyperpolarisationsphase wären denkbar.

2 **Erläuterung** der Ursache für die Artikulationsschwierigkeiten *(AFB II)*:
Lidocain diffundiert nicht nur in sensible (afferente) Nervenfasern, sondern auch in motorische (efferente) Nervenfasern im Wirkungsgebiet der Anästhesie und blockiert dort die Signalweiterleitung. Hierdurch kann es zu einem lokalen Steuerungsausfall von Gesichtsmuskeln kommen, die für die Artikulation notwendig sind.

3 **Begründung** für die Beeinflussung der Wirkdauer durch Adrenalin *(AFB III)*:

> **TIPP** Lassen Sie sich hier nicht irritieren: Auch wenn Sie im Unterricht die Wirkung des Stresshormons Adrenalin nicht behandelt haben, finden Sie alle nötigen Informationen zur Beantwortung der Aufgabe im Material- und Aufgabentext.

Da die Wirkung von Lidocain nach einer gewissen Zeit nachlässt, muss es aus dem Gebiet, in dem die Betäubung erfolgte, abtransportiert oder dort verstoffwechselt worden sein. Der Text gibt allerdings an, dass Lidocain in der Leber abgebaut wird. Es liegt daher nahe, dass es über das Blutgefäßsystem vom Wirkort abtransportiert wird. Aufgrund der gefäßverengenden Wirkung von Adrenalin lässt sich schließen, dass, je nach Adrenalinkonzentration, der Abtransport von Lidocain über das Blutgefäßsystem aus dem betäubten Gewebe verzögert und damit die Wirkdauer verlängert werden kann.

Lösungen der Einstiegsaufgaben (Prüfungsteil 2)

Nennung wesentlicher Eigenschaften von Biomembranen *(AFB I)*:
Der spezifische Aufbau von Biomembranen (Lipiddoppelschicht mit integrierten und assoziierten Proteinen) bedingt u. a. folgende Eigenschaften und Funktionen:

- Trennung intrazellulärer Reaktionsräume und Abgrenzung von Zellen nach außen
- Selektive Permeabilität und kontrollierter Stoffaustausch und -transport
- Zell-Zell-Kontakte und -Erkennung

Begründung für Notwendigkeit der Deprotonierung von Lidocain *(AFB III)*:
Nur das deprotonierte Molekül kann die Lipiddoppelschicht durchdringen, da geladene, polare Moleküle aufgrund ihrer hydrophilen Eigenschaften Biomembranen nicht durch Diffusion passieren können.

Erklärung des Begriffs Punktmutation *(AFB I)*:
Bei einer Punktmutation handelt es sich um eine Mutation, bei der es zum Austausch, zur Deletion oder zur Insertion einer einzigen Base kommt.

Hypothese zur erhöhten Schmerzempfindlichkeit *(AFB III)*:
Eine solche Punktmutation hat vermutlich eine veränderte Raumstruktur des Kanalproteins zur Folge, die bewirkt, dass sich die Kanalproteine z. B. früher öffnen oder länger geöffnet bleiben. So könnte eine eigentlich unterschwellige Depolarisation der Zelle zur Auslösung eines Aktionspotenzials führen. Selbst geringe Reize würden in diesem Fall die Schmerzrezeptoren aktivieren und ein Signal auslösen, das über afferente Fasern zum Gehirn geleitet und als Schmerz wahrgenommen wird.

Sachgebiet Aufnahme, Weitergabe und Verarbeitung von Informationen

KEGELSCHNECKEN – SCHÖN, ABER GEFÄHRLICH!

Kegelschnecken der Gattung *Conus* sind räuberisch lebende Meeresschnecken, die überwiegend in tropischen Gewässern beheimatet sind. Viele Kegelschnecken jagen, indem sie ihre Beute mit einem Giftzahn „beschießen". Besonders die *Conus*-Arten, die sich auf Fische spezialisiert haben, besitzen hochwirksame Gifte. Auch Menschen können tödliche Vergiftungen erleiden, wenn sie, z. B. beim Tauchen, die schön gemusterten Schneckengehäuse ergreifen.

Abb.: Kegelschnecke *Conus textile*

Die Toxine der Kegelschnecken werden als Conotoxine bezeichnet. Es sind kleine Peptidmoleküle aus 10 bis 30 Aminosäuren, die aufgrund ihrer spezifischen Struktur an unterschiedlichen Orten im Nervensystem wirken. So blockiert z. B. das α-Conotoxin Acetylcholin-Rezeptoren von Neuronen und Muskelzellen, während das ω-Conotoxin spannungsabhängige Calciumionenkanäle an synaptischen Endknöpfchen hemmt und synthetisch hergestellt als starkes Analgetikum (Schmerzmittel) dient.

1.1 **Beschreiben** Sie mithilfe einer **beschrifteten Skizze** die Vorgänge bei der Erregungsübertragung an einer neuromuskulären Synapse.

1.2 **Erläutern** Sie vor diesem Hintergrund die Wirkungsweisen von α- und ω-Conotoxin und die Folgen für den Organismus.

1.3 **Begründen** Sie, weshalb man ω-Conotoxine als starke Schmerzmittel einsetzen kann.

2 **Begründen** Sie, weshalb gerade *Conus*-Arten, die sich auf Fische spezialisiert haben, hochwirksame Gifte brauchen. **Stellen** Sie dabei einen **Zusammenhang** zur Größe der Peptidmoleküle **her**.

Einstieg in Prüfungsteil 2: an Musteraufgabe angrenzendes Sachgebiet

Sachgebiet	Einstiegsaufgaben
Zelle und Stoffwechsel	**Nennen** Sie weitere Funktionen von Peptiden/Proteinen.
Evolution	**Erklären** Sie im Sinne der synthetischen Evolutionstheorie die Entstehung von Fische jagenden, hochgiftigen *Conus*-Arten.

Lösungsvorschlag – Musteraufgabe 10

Prüfungsinhalte	Bau einer chemischen Synapse, Erregungsübertragung, Wirkung von Synapsengiften, afferente Neurone der Schmerzbahn, Diffusion(sgeschwindigkeit)

TIPP *Allgemeine Bearbeitungshinweise und Tipps zur Vortragsgestaltung*

Für die Präsentation der Teilaufgabe 1.1 bietet es sich an, die angefertigte Skizze über bereitgestellte Medien (z. B. eine Dokumentenkamera) zu projizieren. Achten Sie auf eine ausreichend ausführliche Beschreibung, aber behalten Sie im Auge, für die Teilaufgaben 1.2 bis 2 noch genügend Zeit einzuplanen.

1.1 Beschriftete Skizze einer chemischen Synapse *(AFB I)*:

TIPP Planen Sie für diese relativ komplexe Darstellung ausreichend viel Platz ein (mindestens eine halbe A4-Seite). Die Buchstaben im folgenden Schema verdeutlichen hier den Ablauf der Vorgänge, sie sind aber für Ihre Skizze nicht zwingend erforderlich. Achten Sie jedoch darauf, die Prozesse chronologisch und kausal korrekt zu beschreiben.

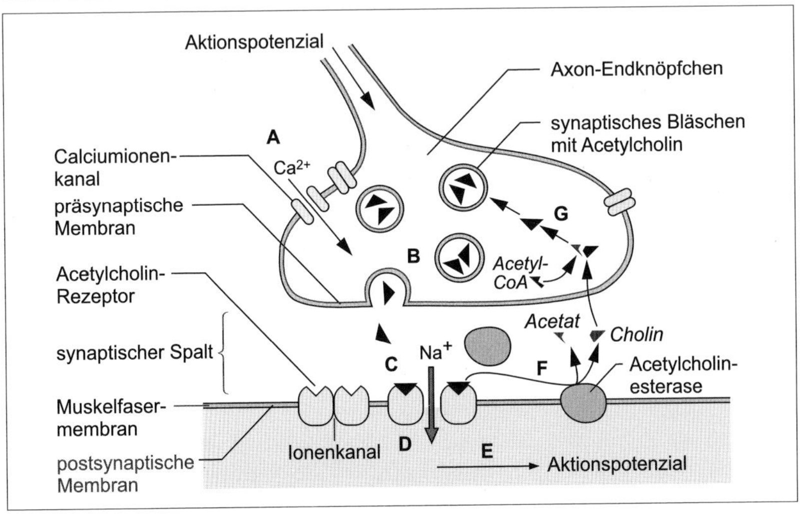

Beschreibung der Vorgänge bei der Erregungsübertragung *(AFB I)*:

A Trifft im Endknöpfchen der Nervenzelle ein Aktionspotenzial ein, öffnen sich spannungsabhängige Ca^{2+}-Ionenkanäle und Calciumionen strömen in die präsynaptische Zelle ein.

B Die erhöhte Ca^{2+}-Ionenkonzentration bewirkt, dass synaptische, transmittergefüllte Bläschen zur präsynaptischen Membran wandern und mit ihr verschmelzen. Der Transmitter Acetylcholin wird (exocytotisch) ausgeschüttet.

C Die Transmittermoleküle diffundieren durch den synaptischen Spalt und binden an Acetylcholin-Rezeptoren der postsynaptischen Membran der Muskelfaser.

D Auf diese Weise öffnen sich ligandengesteuerte Na^+-Ionenkanäle und Na^+-Ionen strömen in die postsynaptische Zelle ein. Es kommt zur (schwachen) Depolarisation der Membran, einem postsynaptischen Potenzial (PSP) bzw. Endplattenpotenzial.

E Das PSP breitet sich über die Muskelfasermembran aus, bei Überschreitung des Schwellenwerts wird ein Aktionspotenzial ausgelöst.

F Die Transmittermoleküle werden durch das Enzym Acetylcholinesterase *(in Cholin und Acetat)* gespalten.

G Die Spaltprodukte *(Cholin)* werden ins Endknöpfchen aufgenommen und *(mit Acetyl-CoA)* zu Acetylcholin resynthetisiert, bevor sie in synaptische Bläschen aufgenommen und dort gespeichert werden.

> **TIPP** Die genaue Skizzierung und Beschreibung der Wiederaufnahme der Transmitter-Spaltprodukte in das Endknöpfchen sowie die Resynthese von Acetylcholin wird nicht von Ihnen erwartet.

1.2 **Erläuterung** der Wirkungsweise und der Folgen der Conotoxine *(AFB II)*:

> **TIPP** Hier bietet es sich an, die Wirkungsweise der beiden Gifte jeweils anhand Ihrer Skizze aus 1.1 aufzuzeigen.

- α-Conotoxin bindet nach dem Schlüssel-Schloss-Prinzip an Acetylcholin-Rezeptoren (Acetylcholin-Antagonist), sodass diese für Acetylcholin blockiert sind. Wird Acetylcholin ausgeschüttet, bleiben die transmittergesteuerten Ionenkanäle geschlossen und es strömen keine Natriumionen in die postsynaptische Zelle ein. Es entsteht kein postsynaptisches Potenzial. Es kommt zu Lähmungserscheinungen, die tödlich sein können, wenn z. B. die Atemmuskulatur nicht mehr angesteuert werden kann.
- ω-Conotoxin hemmt die spannungsabhängigen Calciumionenkanäle, sodass Calciumionen bei eintreffendem elektrischem Impuls (Aktionspotenzial) nicht in die Präsynapse einströmen können. Die transmittergefüllten Vesikel verschmelzen nicht mit der präsynaptischen Membran und es kommt nicht zur Erregungsübertragung. Die Folge sind Lähmungserscheinungen, die z. B. bei Atemlähmung tödlich sein können.

1.3 Begründung für den Einsatz von ω-Conotoxin als Schmerzmittel *(AFB II)*:
Da ω-Conotoxin die Erregungsübertragung unterbricht, führt dies an peripheren afferenten Neuronen der Schmerzbahn zu einer Blockade der Schmerzweiterleitung und kann somit richtig dosiert und verabreicht als Schmerzmittel dienen.

2 Begründung für die Notwendigkeit hochwirksamer Gifte *(AFB III)*:
Da sich Fische deutlich schneller fortbewegen können als die Schnecken, müssen die Giftstoffe ihre Wirkung möglichst rasch entfalten und die Beutetiere bewegungsunfähig machen.

Zusammenhang zwischen Größe und Wirksamkeit der Giftmoleküle *(AFB III)*:
Um eine schnelle Wirkung (Lähmung) zu erzielen, müssen die ins Gewebe injizierten Giftstoffmoleküle möglichst rasch zu ihren Wirkorten an den Synapsen der Neurone diffundieren. Hierbei ist für die Diffusionsgeschwindigkeit neben dem Konzentrationsunterschied die Größe der Moleküle entscheidend. Je größer ein Molekül ist, desto größer ist der Widerstand, den die Gewebsflüssigkeit der Bewegung der Moleküle entgegensetzt und umgekehrt.

Lösungen der Einstiegsaufgaben (Prüfungsteil 2)

Nennung weiterer Funktionen von Peptiden/Proteinen *(AFB I)*:
- Bau- und Gerüststoffe (z. B. Mikrotubuli)
- Botenstoffe (z. B. Insulin) und Enzyme (z. B. DNA-Polymerase)
- Fremdkörperabwehr (z. B. Antikörper)
- Transport (z. B. Hämoglobin)
- Stoffaustausch (z. B. Membranprotein)

Erklärung der Entstehung Fische jagender Arten *(AFB II)*:
In einer (aufgrund von Mutation und Rekombination) genetisch und phänotypisch variablen Population von Schnecken mit einem mäßig starken Gift könnten einzelne Tiere aufgetreten sein, die ein wirksameres Gift produzierten. Diese Individuen hatten einen Selektionsvorteil, da sie aufgrund dieser Eigenschaft Fische erbeuten und sich so eine neue und ggf. hochwertigere Nahrungsquelle erschließen konnten. Durch diesen Konkurrenzvorteil erhöhte sich die Überlebens- und Fortpflanzungswahrscheinlichkeit dieser Tiere, sodass sie ihre Allele vermehrt in den Genpool der Folgegeneration einbringen konnten. Allmählich änderte sich so die Frequenz der merkmalsbestimmenden Allele im Genpool der Population.

Sachgebiet Aufnahme, Weitergabe und Verarbeitung von Informationen

SPARGEL – KÖNIGSGEMÜSE MIT UNANGENEHMEN NEBENWIRKUNGEN

Zahlreiche Menschen sehen im Frühjahr dem ersten Spargelessen mit großer Vorfreude entgegen. Doch der Verzehr des Königsgemüses verursacht bei vielen einen unangenehmen Geruch des Urins. Verantwortlich dafür sind Stoffwechselprodukte der schwefelhaltigen Asparagusinsäure, die mit dem Urin ausgeschieden werden. Es gibt aber auch Menschen, die den schwefligen Geruch des Urins gar nicht wahrnehmen können. Sie leiden unter einer spezifischen Anosmie, d. h. einem fehlenden Geruchsvermögen für diesen Duftstoff. Wird ein Duftstoff von einer Riechsinneszelle erkannt, so kommt es normalerweise zu einer Veränderung des Membranpotenzials (Rezeptorpotenzials) und somit zu einem Signal.

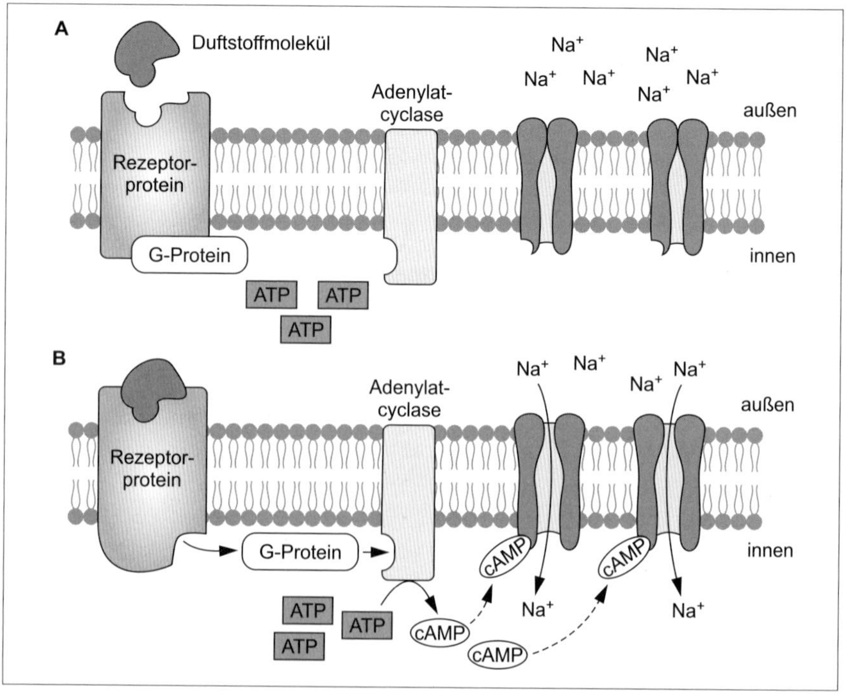

Abb.: Entstehung eines Rezeptorpotenzials an einer Riechsinneszelle (vereinfacht)
cAMP: cyclisches Adenosinmonophosphat

1.1 **Erläutern** Sie charakteristische Eigenschaften einer Sinneszelle und **benennen** Sie die in der Abbildung dargestellte Art der Signaltransduktion.

1.2 **Erläutern** Sie anhand der Abbildung die molekularen Vorgänge, die zur Veränderung des Rezeptorpotenzials einer Riechsinneszelle führen.

1.3 Bei der dargestellten Art der Signaltransduktion wird das extrazelluläre Signal verstärkt. **Erklären** Sie an diesem Beispiel, wie es zu dieser Signalverstärkung kommt.

2 Nach längerer Einwirkung des Duftstoffes kommt es in der Riechsinneszelle zum Abbau von cAMP. **Stellen** Sie eine **begründete Hypothese** zur biologischen Bedeutung dieses Abbaus **auf**.

Einstieg in Prüfungsteil 2: an Musteraufgabe angrenzendes Sachgebiet

Sachgebiet	Einstiegsaufgaben
Moleküle des Lebens und Grundlagen der Vererbung	**Definieren** Sie den Begriff Mutation und **begründen** Sie, wie es durch eine Mutation bei manchen Menschen zu einer spezifischen Anosmie kommen kann. **Stellen** Sie die enzymatische Verstoffwechselung der Asparagusinsäure in einer Abfolge beschrifteter Schemazeichnungen **dar** und **stellen** Sie anhand Ihrer Skizze eine **begründete Vermutung auf**, weshalb bei manchen Menschen der Urin nach einem Spargelessen nicht unangenehm riecht.

Lösungsvorschlag – Musteraufgabe 11

Prüfungsinhalte	Sinneszelle, Signaltransduktion, Second-messenger-Prinzip, Rezeptorpotenzial, Signalverstärkung, Adaptation

TIPP *Allgemeine Bearbeitungshinweise und Tipps zur Vortragsgestaltung*

Je nachdem, in welcher Ausführlichkeit Sie die Funktion von Sinneszellen im Unterricht besprochen haben, werden Sie mit den hier angesprochenen Prinzipien der Signaltransduktion vertraut sein. Die Abbildung liefert Ihnen ansonsten alle wichtigen Informationen – setzen Sie sie auch gezielt zur Veranschaulichung Ihrer Ausführungen ein.

1.1 Erläuterung der charakteristischen Eigenschaften einer Sinneszelle *(AFB I)*:
Eine Sinneszelle kann über Rezeptorproteine, die in ihrer Membran eingelagert sind, adäquate physikalische oder chemische Umweltreize selektiv aufnehmen und in elektrische intrazelluläre Signale umwandeln (Signaltransduktion).

Benennung der dargestellten Art der Signaltransduktion *(AFB I)*:

TIPP Anknüpfend an die Charakterisierung einer Sinneszelle könnten Sie zunächst darauf eingehen, dass die Aktivierung der Rezeptorproteine die Öffnung oder Schließung von Ionenkanälen in der Rezeptormembran zur Folge hat. Diese Veränderung der Permeabilität von Ionenkanälen kann entweder auf direktem Weg oder indirekt über einen sekundären Botenstoff erfolgen.

Second-messenger-Prinzip (intrazelluläre Signalübertragung durch einen sekundären Botenstoff)

1.2 Erläuterung der molekularen Vorgänge *(AFB II)*:

TIPP Da Sie lediglich die molekularen Vorgänge, die zu einer Veränderung des Rezeptorpotenzials führen, erläutern sollen, müssen Sie nicht explizit auf die Darstellung ohne gebundenes Duftstoffmolekül (Abb. A) eingehen.

- Bindet ein Duftstoffmolekül nach dem „Schlüssel-Schloss-Prinzip" an das Rezeptorprotein in der Membran einer Riechsinneszelle, kommt es zu einer Konformationsänderung des Rezeptorproteins.
- Diese Veränderung der Raumstruktur des Rezeptorproteins bewirkt eine Aktivierung und Freisetzung eines intrazellulär gebundenen G-Proteins.
- Das G-Protein aktiviert das in der Membran eingelagerte Enzym Adenylatcyclase (AC).

- Die aktivierte AC wandelt ATP in cAMP (second messenger) um.
- cAMP-Moleküle binden an ligandengesteuerte Natriumionenkanäle und bewirken, dass sich diese Kanäle öffnen.
- Natriumionen strömen entlang ihres Konzentrationsgefälles ins Zellinnere und verändern (depolarisieren) das Rezeptorpotenzial der Riechsinneszelle.

1.3 **Erklärung**, wie es zur Signalverstärkung kommt *(AFB II, III)*:
An diesem Beispiel lässt sich erkennen, dass durch die Bindung von einem Duftstoffmolekül mehrere Moleküle des second messengers cAMP gebildet werden. Dadurch kommt es zur Öffnung mehrerer Natriumionenkanäle und zu einem starken Natriumioneneinstrom. Durch die Signaltransduktion mithilfe eines sekundären Botenstoffs kommt es hier also zu einer Verstärkung des extrazellulären Signals (Duftstoffmolekül).

2 **Begründete Hypothese** zur Bedeutung des cAMP-Abbaus *(AFB III)*:

> **TIPP** Am besten verdeutlichen Sie (sich) zunächst, welche Konsequenz der cAMP-Abbau für das Rezeptorpotenzial und infolgedessen für den Sinneseindruck hat. Trotz bestehendem Reiz kommt es zu keiner Veränderung des Rezeptorpotenzials und damit zu keinem intrazellulären Signal mehr, das (bei überschwelliger Depolarisation) über eine Abfolge von Aktionspotenzialen als Sinneseindruck an das Gehirn geleitet werden kann. Da es sich hierbei um ein Alltagsphänomen handelt, mit dem Sie sicherlich selbst vertraut sind, liegen Vermutungen im Bereich der Anpassung (Adaptation) nahe.

- Der cAMP-Abbau könnte eine Anpassung der Empfindlichkeit der Riechsinneszelle an die Reizstärke zur besseren Wahrnehmung von Intensitätsunterschieden des Duftstoffes sein.
- Der cAMP-Abbau lässt sich auch im Sinne einer Gewöhnung deuten: Die Riechsinneszelle passt sich an einen konstanten äußeren Reiz an, der bereits detektiert und als unwichtig wahrgenommen wurde.
- Denkbar wäre auch, dass der cAMP-Abbau bei konstanten Außenbedingungen zur Einsparung von Energie dient: Wurde ein Duftstoff detektiert und dessen Intensität ändert sich auch nicht, so stellt eine weiter ablaufende Signaltransduktion für den Organismus einen unnötigen Energieaufwand dar.

Lösungen der Einstiegsaufgaben (Prüfungsteil 2)

Definition des Begriffs Mutation *(AFB I)*:
Mutationen sind spontane, ungerichtete und bleibende Veränderungen des genetischen Materials.

Begründung der Entstehung der spezifischen Anosmie *(AFB III)*:
Vermutlich liegt eine Mutation im Gen vor, das für das spezifische Rezeptorprotein für diesen Duftstoff codiert, sodass der Duftstoff infolge einer veränderten Raumstruktur des Rezeptorproteins nicht mehr nach dem Schlüssel-Schloss-Prinzip an das Rezeptorprotein binden kann. Somit kann es nicht zu einer Signaltransduktion und damit zu einer Geruchswahrnehmung kommen. Denkbar wäre ebenso, dass infolge einer Nonsense-Mutation gar kein funktionelles Rezeptorprotein gebildet werden kann.

TIPP Prinzipiell könnten Sie auch Mutationen in den Genen, die für das G-Protein, die Adenylatcyclase oder den Natriumionenkanal codieren, annehmen. Da es sich in der Aufgabenstellung jedoch um eine spezifische Anosmie handelt, also eine fehlende Geruchswahrnehmung für diesen spezifischen Duftstoff, sind diese Möglichkeiten auszuschließen, da die betreffenden Proteine für zahlreiche Signalwege in (Sinnes-)Zellen eine Rolle spielen.

Darstellung der Verstoffwechselung der Asparagusinsäure *(AFB II)*:

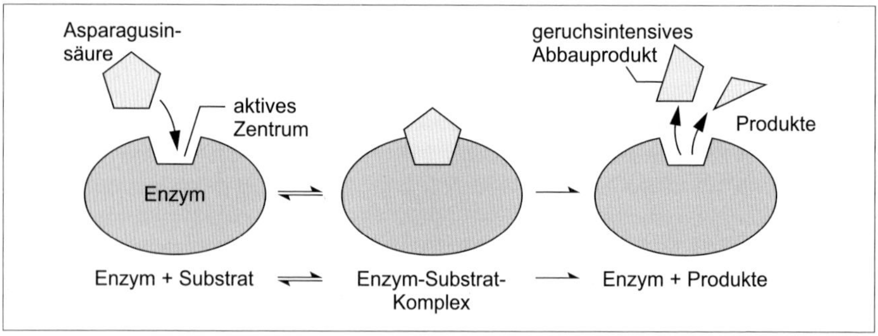

Begründete Vermutung für neutralen Uringeruch bei manchen Menschen *(AFB III)*:
Offensichtlich entsteht nicht bei allen Menschen das Abbauprodukt, das den strengen Geruch verursacht. Ursache dafür könnte sein, dass individuell unterschiedliche Enzyme vorliegen, die Asparagusinsäure an verschiedenen Stellen spalten. Auch wäre es möglich, dass das entsprechende Enzym bei manchen Menschen nicht gebildet wird und daher gar kein Abbau erfolgt. In beiden Fällen entsteht kein Abbauprodukt mit Geruchsentwicklung.

TIPP Der geforderte Bezug zur Skizze wäre umsetzbar, indem das Enzym und die Produkte mit verändertem Umriss dargestellt werden. So könnte verdeutlicht werden, dass es sich um andere Moleküle handelt.

Sachgebiet Evolution

XANTHOPAN MORGANII PRAEDICTA – DER VORHERGESAGTE

Abb.: Blüte von *Angraecum sesquipedale*, *Xanthopan morganii*
verändert nach: © Motohiro Sunouchi; CC BY 2.0 und © Esculapio; CC BY-SA 3.0

Als Charles DARWIN im Jahr 1862 eine Box mit Orchideen des Orchideenzüchters James BATEMAN erhielt, zog ihn vor allem der „Stern von Madagaskar“ *(Angraecum sesquipedale)* in seinen Bann. Dessen weiße Blüte trägt einen bis zu 35 cm langen (lat. *sesquipedalis*, anderthalb Fuß) Blütensporn, an dessen Grund sich Nektar befindet (Abb.). Diese Besonderheit veranlasste DARWIN zu der Vermutung, dass es einen Bestäuber mit einem entsprechend langen Rüssel geben müsse. Die Vorhersage eines solchen Falters trug DARWIN den Spott der Insektenkundler ein. Erst mehr als vierzig Jahre später, im Jahr 1903, wurde auf Madagaskar tatsächlich ein Schwärmer mit einem 30 cm langen Rüssel entdeckt (Abb.) und vermutlich zu Ehren DARWINS *Xanthopan morganii praedicta* (lat. *praedictus*, der Vorhergesagte) genannt.

1.1 Blüten-Bestäuber-Systeme bringen häufig beiden beteiligten Artvertretern Vorteile. **Erläutern** Sie, inwiefern der Falter und die Orchidee jeweils von der im Text beschriebenen Wechselbeziehung profitieren.

1.2 **Erläutern** Sie, welche Bedeutung die Fremdbestäubung für Pflanzen hat.

Voraussetzung für eine erfolgreiche Bestäubung dieser Orchideen ist, dass der Pollen auch auf die Narbe übertragen wird. Dies ist nur der Fall, wenn der Schwärmer mit seinem Rüssel tief genug in die Blüte eindringt. Bei Pflanzen mit kurzem Sporn kommt es also nicht zu einer Fremdbestäubung.

2 **Stellen** Sie vor diesem Hintergrund eine Hypothese auf, wie es im Laufe der Evolution der beiden Arten zu immer längeren Blütenspornen und Saugrüsseln gekommen sein könnte.

Die Art *Xanthopan morganii* kommt auch auf dem afrikanischen Festland vor. Die Individuen der Unterart auf der Insel Madagaskar haben eine etwas andere Färbung und weisen große genetische Unterschiede zu ihren Artgenossen auf dem afrikanischen Festland auf. Bringt man Individuen aus Madagaskar mit Festlandindividuen zusammen, so können sie sich aber noch erfolgreich untereinander verpaaren.

3 **Diskutieren** Sie, inwiefern es hier sinnvoll ist, die Falterpopulation auf Madagaskar als Unterart von den Populationen des afrikanischen Festlands zu unterscheiden.

Einstieg in Prüfungsteil 2: an Musteraufgabe angrenzendes Sachgebiet

Sachgebiet	Einstiegsaufgabe
Angewandte Biologie	Gerade bei Pflanzen ist die vegetative Fortpflanzung weitverbreitet. **Erläutern** Sie Vorteile dieser Form der Fortpflanzung.

Lösungsvorschlag – Musteraufgabe 12

Prüfungsinhalte	interspezifische Wechselbeziehung, Fremdbestäubung (sexuelle Fortpflanzung), synthetische Evolutionstheorie, Artbegriff, allopatrische Artbildung

TIPP *Allgemeine Bearbeitungshinweise und Tipps zur Vortragsgestaltung*

Das Phänomen der Koevolution, das in dieser Prüfungsaufgabe thematisiert wird, kennen Sie nicht zwingend aus dem Unterricht. Mithilfe der Angaben im Aufgabentext und Ihrer Kenntnisse der synthetischen Evolutionstheorie – deren wesentliche Punkte Sie sich während der Vorbereitungszeit vergegenwärtigen sollten – können Sie aber alle Teilaufgaben erfolgreich bearbeiten.

1.1 **Erläuterung** der Vorteile für Falter und Pflanze *(AFB I, II)*:

- Falter: Durch den langen Rüssel erschließt sich *Xanthopan morganii* eine exklusive Nektarquelle.
- Orchidee: Während des Saugvorgangs bleibt Pollen am Rüssel des Falters hängen und garantiert – Blütenstetigkeit des Falters vorausgesetzt – die Übertragung arteigenen Pollens auf die Narbe der nächsten besuchten Blüte und damit eine gezielte Fremdbestäubung.

1.2 **Erläuterung** der Bedeutung der Fremdbestäubung *(AFB II)*:

- Durch Neukombination des genetischen Materials durch geschlechtliche Fortpflanzung entsteht innerhalb der Population eine große genetische Variabilität, die eine hohe Anpassungsfähigkeit der Individuen an sich verändernde Umweltbedingungen ermöglicht.
- Durch die Neukombination des genetischen Materials verringert sich die Wahrscheinlichkeit, dass nachteilige rezessive Allele homozygot vorliegen und phänotypisch zur Ausprägung kommen.

2 **Hypothese** zur Evolution immer längerer Sporne und Saugrüssel *(AFB II, III)*:

TIPP Bei einer Koevolution wirken die gleichen Mechanismen wie bei jedem anderen Anpassungsprozess. Dabei üben zwei stark interagierende Arten einen wechselseitigen Selektionsdruck auf die jeweils andere Art aus und wirken somit als biotische Selektionsfaktoren.

Durch Mutation und Rekombination kam es in einer Orchideen-Population zu einer hohen Variabilität hinsichtlich der Blütenspornlängen. Orchideen mit einem Blütensporn, der länger als die Rüssel der Schwärmer war, hatten gegenüber Pflanzen mit kürzeren Spornen einen Selektionsvorteil, da hier eine erfolgreiche Bestäubung garantiert war. Durch die erhöhte Fortpflanzungswahrscheinlichkeit dieser Individuen kam es im Genpool der Population zu einer Verschiebung der Allelfrequenz in Richtung der Allele, die die Ausprägung eines langen Blütensporns bedingen. Dies übte einen Selektionsdruck auf die Schwärmerpopulation aus, da nun diejenigen unter den variablen Individuen einen Selektionsvorteil hatten, die aufgrund eines außergewöhnlich langen Rüssels an die tiefer liegende Nektarquelle gelangten. Mit Etablierung dieses Merkmals in der Schwärmerpopulation entstand wiederum ein Selektionsdruck zur Evolution noch längerer Blütensporne der Orchideen, um die Bestäubung zu garantieren. Somit kam es zu einer wechselseitigen Anpassung *(Koadaptation)* und zu stetig länger werdenden Blütenspornen und Saugrüsseln.

3 **Diskussion** der Sinnhaftigkeit der Unterscheidung von Unterarten *(AFB III)*:

- *Xanthopan morganii* auf Madagaskar sollte nicht als Unterart *(praedicta)* bezeichnet werden, da es sich hier lediglich um Variationen innerhalb einer Art handelt. Die Populationen sind nicht reproduktiv voneinander isoliert, sodass Vertreter der Art nach wie vor fertile Nachkommen miteinander zeugen können (biologischer Artbegriff). Somit sollte keine taxonomische Unterscheidung zwischen Individuen der Festlandpopulation und den Faltern auf Madagaskar vorgenommen werden.
- *X. morganii* auf Madagaskar könnte als Unterart *(praedicta)* bezeichnet werden, da die Individuen auf Madagaskar sowohl durch morphologische Besonderheiten (Färbung) als auch durch große genetische Unterschiede zu den Individuen auf dem afrikanischen Festland gekennzeichnet sind. Durch die Insellage besteht darüber hinaus eine räumliche Trennung (Separation) der Populationen, sodass der Genfluss zwischen Individuen der getrennten Populationen unterbunden ist. Somit wirken innerhalb der getrennten Populationen die Evolutionsfaktoren Mutation, Rekombination und unterschiedliche Formen des Selektionsdrucks auf den jeweiligen Genpool der Population. Eine solche unterschiedliche Entwicklung der Populationen könnte schließlich auch zu einer reproduktiven Isolation und damit zur Entstehung zweier getrennter Arten führen (allopatrische Artbildung). Vor diesem Hintergrund ließe sich die Bezeichnung als Unterart rechtfertigen, da auf diese Weise der Status von *Xanthopan morganii praedicta* als eine Art im Entstehen verdeutlicht wird.

> **TIPP** Der Operator „diskutieren" verlangt von Ihnen, durch Abwägen der Pro- und Contra-Argumente zu einem differenzierten Urteil zu kommen.

Lösung der Einstiegsaufgabe (Prüfungsteil 2)

Erläuterung von Vorteilen der vegetativen Fortpflanzung *(AFB I)*:
Durch mitotische Zellteilungen eines Organismus entstehen hier genetisch identische Individuen/Nachkommen. Unter konstanten Umweltbedingungen ist diese Fortpflanzungsform erfolgreich, da sie weniger Zeit-, Material- und Energieaufwand kostet als die geschlechtliche Fortpflanzung und optimal angepasste Nachkommen erzeugt.

Sachgebiet Evolution

DIE KERGUELEN-FLIEGE

Der Kerguelen-Archipel ist eine Inselgruppe im Süden des Indischen Ozeans, knapp 4 000 km von Australien, 3 700 km von Südafrika und 1 900 km von der Antarktis entfernt. Dort herrscht ein raues Klima mit starkem Wind, das nur eine karge Vegetation zulässt. Baumlosigkeit und niedrigwachsende Pflanzen wie Gräser, Moose und Flechten kennzeichnen die tundrenähnliche Flora. Funde von versteinerten Baumresten lassen jedoch darauf schließen, dass die Inseln im Laufe der Erdgeschichte, in der sich verschiedene Klimazeiten abwechselten, bewaldet gewesen sein müssen. Mit Ausnahme einer Forschungsstation sind die Kerguelen unbewohnt. Eine Besonderheit ist das Vorkommen einiger stummelflügeliger, flugunfähiger Fliegenarten (Abb. A). Ähnliche flugunfähige Formen sind als seltene Mutanten normalflügeliger Fliegenarten (Abb. B) bekannt.

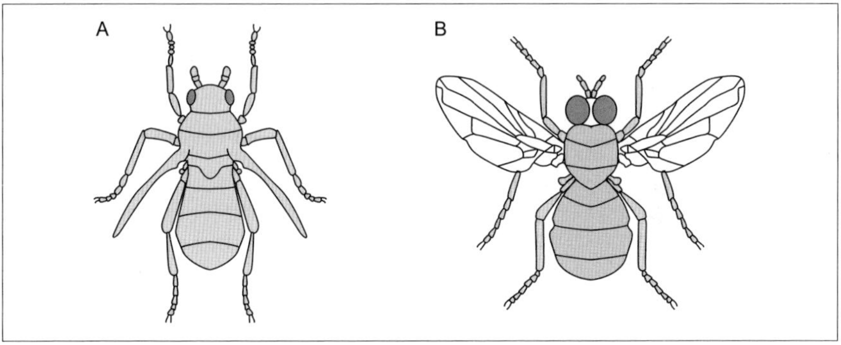

Abb.: Schemazeichnungen einer Kerguelen-Fliege (A) und einer normalflügeligen Fliegenart (B)

1.1 **Erläutern** Sie, wie sich im Sinne der Theorie von LAMARCK die Flügellosigkeit der Kerguelen-Fliegen entwickelt haben könnte.

1.2 **Beschreiben** Sie die Entstehung einer stummelflügeligen Fliegenart auf den Kerguelen anhand der synthetischen Evolutionstheorie.

1.3 **Erläutern** Sie anhand eines **Diagramms**, das die Merkmalsverteilung innerhalb einer Population zeigt, welche Form der Selektion bei der Evolution der flügellosen Kerguelen-Fliegen vermutlich stattgefunden hat.

2 **Diskutieren** Sie, ob die Hypothese einer Gründerpopulation für das Vorkommen der stummelflügeligen Fliegenarten auf den Kerguelen-Inseln sinnvoll ist.

Einstieg in Prüfungsteil 2: an Musteraufgabe angrenzendes Sachgebiet

Sachgebiet	Einstiegsaufgaben
Moleküle des Lebens und Grundlagen der Vererbung	**Definieren** Sie den Begriff Mutation. **Begründen** Sie, weshalb nicht alle Mutationen derart gravierende Auswirkungen haben, wie es in dem hier vorgestellten Beispiel der Fall ist.

Lösungsvorschlag – Musteraufgabe 13

Prüfungsinhalte	Evolutionstheorie von LAMARCK, synthetische Evolutionstheorie, Selektionsformen, Gründereffekt

TIPP *Allgemeine Bearbeitungshinweise und Tipps zur Vortragsgestaltung*

In dieser Aufgabe stellen Sie verschiedene Evolutionstheorien einander gegenüber. Wenn Sie diese Theorien an einem vorgegebenen Beispiel erläutern sollen, vergegenwärtigen Sie sich anhand von Schlüsselbegriffen zunächst die jeweilige theoretische Grundlage, bevor Sie diese dann auf das konkrete Szenario anwenden.

1.1 **Erläuterung** der Entwicklung der Flügellosigkeit nach LAMARCK *(AFB I, II)*:
LAMARCK ging von einer aktiven Anpassung an neue Umweltbedingungen und von der Vererbung dieser neu erworbenen Eigenschaften aus:

- Das Klima auf den Inseln wurde rauer und die ursprüngliche Vegetation mit Bäumen steppen- bzw. tundrenartiger. Der zunehmend spärliche Bewuchs bot den auf der Insel lebenden Fluginsekten keinen Schutz gegen die aufkommenden starken Winde auf der Insel („Umweltveränderung“).
- Für die Insekten barg die Fortbewegung durch Fliegen das Risiko, von der Insel verweht zu werden. Es entstand ein „inneres Bedürfnis“, sich vorzugsweise auf dem Boden krabbelnd fortzubewegen.
- Infolge des Nichtgebrauchs der Flügel bildeten sich diese Strukturen immer mehr zurück, bis nur noch Stummel ohne nennenswerte Tragfläche zurückblieben, die dem Wind keine Angriffsfläche boten („Vervollkommnung der Organe“).
- Dieses neu erworbene Merkmal wurde an die Nachkommen vererbt.

1.2 **Beschreibung** der Entstehung einer stummelflügeligen Fliegenart anhand der synthetischen Evolutionstheorie *(AFB I, II)*:

TIPP Die synthetische Evolutionstheorie verbindet DARWINS Theorie insbesondere mit populations- und molekulargenetischen Erkenntnissen. Die Entstehung neuer Arten lässt sich anhand der Evolutionsfaktoren Mutation, Rekombination, Selektion, Isolation und Gendrift erläutern.

- Für die genetische Variabilität innerhalb einer Population sind Mutation und Rekombination verantwortlich. Durch zufällig und ungerichtet auftretende Mutationsereignisse und die Neukombination des genetischen Materials bei der sexuellen Fortpflanzung entstehen neue Allelvarianten und -kombinationen. In der Ursprungspopulation der Fliegen gab es aufgrund der Wirkung dieser Evolutionsfaktoren Individuen mit unterschiedlicher genetischer Ausstattung und daher auch mit unterschiedlicher Merkmalsausprägung, z. B. Varianten mit Stummelflügeln.

TIPP Ergänzend könnten Sie an dieser Stelle auch die zytogenetischen Grundlagen der Rekombination anführen: die zufällige Verteilung der väterlichen und mütterlichen homologen Chromosomen bei der 1. Reifeteilung, Crossing-over und das zufällige Zusammentreffen väterlicher und mütterlicher Keimzellen bei der Befruchtung.

- An der genetisch bedingten Merkmalsvariabilität setzte die Selektion an. Unter sich ändernden Umweltbedingungen (raues Klima, starker Wind) hatten Individuen mit Stummelflügeln einen Selektionsvorteil, da sie besser vor Verdriftung geschützt waren. Sie pflanzten sich daher mit höherer Wahrscheinlichkeit fort und brachten ihre Allele vermehrt in den Genpool der Nachkommenpopulation ein. Somit verschoben sich die Allelhäufigkeiten des Genpools in Richtung dieser Allele und das Merkmal „Stummelflügel“ etablierte sich in der Population.
- Durch die Insellage kam es nicht zum Austausch zwischen dem Genpool der Kerguelen-Fliegen und den Genpools anderer, normalflügeliger Fliegenpopulationen auf dem Festland (geografische Isolation).

1.3 Erläuterung der Selektionsform anhand eines **Diagramms** *(AFB II, III)*:
Aufgrund der Insellage und des stürmischen Klimas (abiotischer Selektionsfaktor) hatten flugunfähige Individuen einen Selektionsvorteil, da sie seltener weggeweht werden. Der Selektionsdruck wirkte also von der rechten Seite auf die Gaußsche Verteilung der unterschiedlichen Flügelgrößen innerhalb der Population und verschob die Kurve hin zur geringeren Flügelgröße (richtende Selektion):

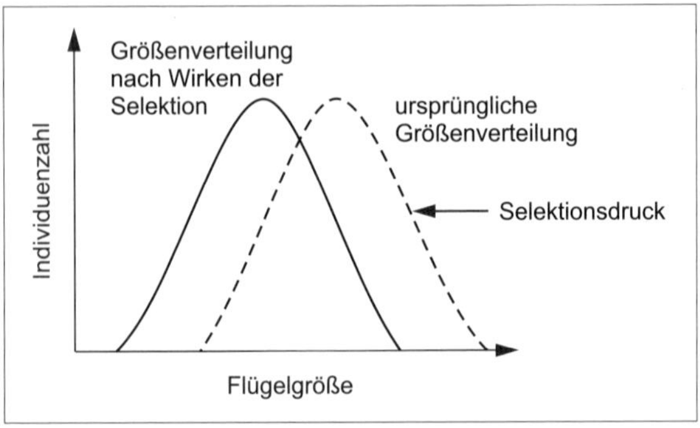

2 Diskussion der Hypothese einer Gründerpopulation *(AFB III)*:
Von einer Gründerpopulation spricht man, wenn nur wenige Individuen einer Art einen neuen Lebensraum besiedeln. Die zufällige Auswahl dieser Fliegen hätte

demnach den Genpool der neuen Inselpopulation bestimmt. Es könnten theoretisch einige kurz- oder stummelflügelige Individuen einer Fliegenart aus Südafrika oder Australien auf die Inseln geweht oder z. B. von einem Forschungsschiff eingeschleppt worden sein. Die Möglichkeit des Verwehtwerdens ist allerdings aufgrund der großen Entfernung zum Festland unwahrscheinlich. Außerdem hätten stummelflügelige Tiere nur wenig Angriffsfläche für den Wind geboten.
Falls stummelflügelige Individuen als Gründerpopulation vom Festland auf die Inseln gelangt sind, fanden sie aufgrund ihrer Merkmale, die unter den dort herrschenden klimatischen Verhältnissen von Vorteil waren, günstige Bedingungen vor (geringe Konkurrenz, großes Nahrungsangebot) und konnten sich auf den Inseln etablieren.
Da Gründerpopulationen zufallsbedingt oft nur einen kleinen Genpool mit geringer genetischer Vielfalt aufweisen (Form von Gendrift), hätte dies für die Population unter sich ändernden Umweltbedingungen u. U. schlechte Anpassungsmöglichkeiten bedeutet. Auch vor diesem Hintergrund wäre der Ursprung der Kerguelen-Fliegen aus einer Gründerpopulation eher unwahrscheinlich.

Lösungen der Einstiegsaufgaben (Prüfungsteil 2)

Definition des Begriffs Mutation *(AFB I)*:
Mutationen sind spontane, ungerichtete und bleibende Veränderungen des genetischen Materials.

Begründung für meist geringfügige Auswirkungen von Mutationen *(AFB II)*:
Da nur ein sehr kleiner Teil des Genoms codierende Abschnitte enthält, treten die meisten Mutationen in nicht-codierenden Basensequenzen auf, die keine Relevanz für den Phänotyp haben. Aber auch Mutationen in codierenden Bereichen können phänotypisch folgenlos bleiben. Dies ist der Fall, wenn eine Mutation aufgrund der Redundanz des genetischen Codes keine Veränderung in der Aminosäuresequenz hervorruft (stumme Mutation) oder dazu führt, dass Aminosäuren mit ähnlichen chemischen Eigenschaften eingebaut werden. Die Tertiärstruktur der gebildeten Proteine bleibt dann weitgehend unverändert.

Sachgebiet Evolution

MACHTE SAUERSTOFFMANGEL DEN FISCHEN BEINE?

Abb. 1: *Tiktaalik roseae* (Rekonstruktion) © *Zina Deretsky/National Science Foundation/Wikimedia*

Der bekannte britische Tierfilmer und Naturforscher Sir David ATTENBOROUGH merkte einst sinngemäß an, dass „wir vielleicht nie erfahren werden, was unsere Fischvorfahren bewogen hat, aus dem Wasser zu steigen.“ Sicher wissen wir jedoch, welche Voraussetzungen dafür notwendig waren: Lungenatmung und Beine! Einen dahingehend aufschlussreichen Fund machten Paläontologen im Jahr 2004 auf der Insel Ellesmere im arktischen Kanada: In dieser Region, die vor 380 Millionen Jahren (Devon) wesentlich näher am Äquator lag, fanden sie ein Fossil, das sie *Tiktaalik* („großer Flachwasserfisch“ in der Sprache der Inuit) nannten (Abb. 1). Aufgrund des flachen Schädels vermuteten die Wissenschaftler, dass *Tiktaalik* in seichtem Wasser kleine Fische jagte. Da sich flache Gewässer jedoch schnell aufwärmen und dadurch sauerstoffärmer sind als kältere Gewässer, könnte sich bei den kiemenatmenden Tieren das Luftschnappen über Wasser mithilfe primitiver Lungen entwickelt und etabliert haben. Dazu mussten sich die Tiere jedoch aus dem Wasser stemmen und benötigten dafür kräftige Flossen. Im Laufe der Evolution könnten ausgehend von diesen Extremitäten die Beine der Landwirbeltiere entstanden sein.

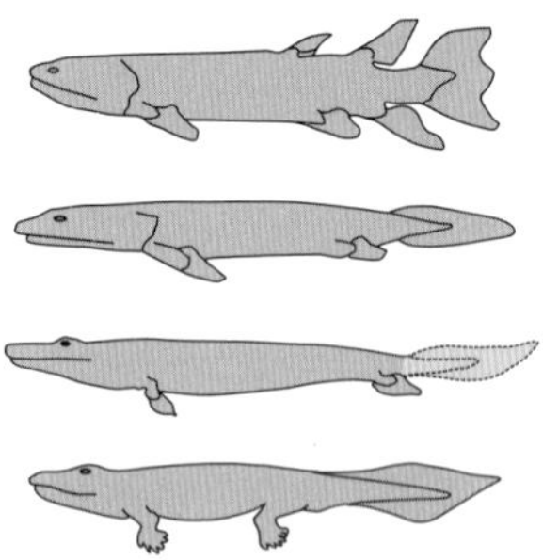

Abb. 2: Körperumrisse von *Tiktaalik* und dreier verwandter, ausgestorbener Wirbeltiergattungen

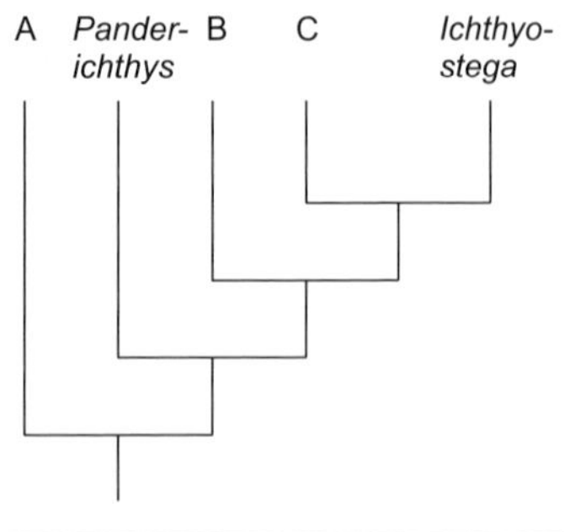

Abb. 3: Ausschnitt aus dem Stammbaum der Wirbeltiere (vereinfacht)

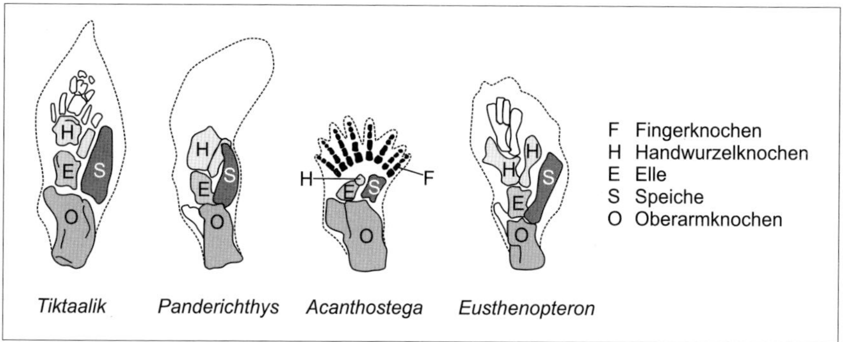

Abb. 4: Schematischer Bau der Vorderextremität von *Tiktaalik* und verwandter Wirbeltiergattungen

1.1 Fachleute halten *Tiktaalik* für eine Brückenform (Mosaikform). **Begründen** Sie diese Meinung und **nennen** Sie ein weiteres Beispiel für eine Brückenform.

1.2 **Ordnen** Sie *Tiktaalik*, *Acanthostega* und *Eusthenopteron* anhand der Schemazeichnungen der Körperumrisse (Abb. 2) und der Vorderextremitäten (Abb. 4) den Buchstaben A–C im Stammbaum (Abb. 3) **zu**. **Begründen** Sie Ihre Zuordnung.

1.3 **Definieren** Sie den Begriff der Homologie und **erläutern** Sie deren Bedeutung für die Rekonstruktion von Stammbäumen.

2 Frühere Thesen zum Landgang gingen von periodisch austrocknenden Wasserstellen aus, die von den Vorfahren der heutigen Landwirbeltiere auf der Suche nach einem besseren Gewässer auf ihren fleischigen Flossen verlassen wurden. Dieser Selektionsdruck soll schließlich zur Entwicklung von Beinen und Füßen geführt haben.
Begründen Sie, weshalb diese Hypothesen nach den neueren Erkenntnissen nicht mehr haltbar sind.

Einstieg in Prüfungsteil 2: an Musteraufgabe angrenzendes Sachgebiet

Sachgebiet	Einstiegsaufgabe
Moleküle des Lebens und Grundlagen der Vererbung	Bei der Umgestaltung von Flossen in Arme und Beine spielten wohl sogenannte Hox-Gene eine entscheidende Rolle. Sie codieren für Transkriptionsfaktoren, die nachgeschaltete Entwicklungsgene steuern. **Definieren** Sie den Begriff Gen.

Lösungsvorschlag – Musteraufgabe 14

Prüfungsinhalte	Brückenform (Mosaikform), Stammbaumrekonstruktion, Homologie, Selektion, Voranpassung (Präadaptation)

TIPP *Allgemeine Bearbeitungshinweise und Tipps zur Vortragsgestaltung*

Wenn Sie wie in dieser Prüfungsaufgabe mit relativ viel Material konfrontiert werden, erfordert dies zwar eine etwas intensivere Analyse, es erleichtert Ihnen aber auch die Strukturierung Ihres Vortrags. Verweisen Sie auf Abbildungen und Textinformationen und nutzen sie hier z. B. das rekonstruierte Bild des *Tiktaalik* für den Einstieg in Ihren Vortrag.

1.1 **Begründung** für *Tiktaalik* als Brückenform *(AFB II)*:
Tiktaalik besaß sowohl Merkmale von Fischen als auch von Amphibien bzw. frühen Landwirbeltieren. Das Fossil stellt also eine Übergangsform zwischen der stammesgeschichtlich älteren Gruppe der Fische und der jüngeren der Amphibien bzw. der Landwirbeltiere dar.

Fischmerkmale:
- mit Schuppen bedeckter Körper
- Kiemen
- Schwanzflosse

Amphibien- bzw. Landwirbeltiermerkmale:
- Brustflossen mit Knochen, die den Armknochen der Amphibien homolog sind
- flacher Schädel
- Augen auf der Oberseite des Schädels
- Lungen

Nennung weiterer Brückenformen *(AFB I)*:
- *Seymouria* † (Amphibien- und Reptilienmerkmale)
- *Archaeopteryx* † (Reptilien- und Vogelmerkmale)
- Schnabeltier (Reptilien- und Säugetiermerkmale)

1.2 **Zuordnung** der Gattungen zum Stammbaumschema *(AFB II)*:
A = *Eusthenopteron*, B = *Tiktaalik*, C = *Acanthostega*

Begründung der Zuordnung *(AFB III)*:
Es ist davon auszugehen, dass *Acanthostega*, dessen Körperumriss und dessen Vorderextremität am wenigsten fischähnlich sind und die größte Ähnlichkeit zu Landwirbeltieren aufweisen, die am wenigsten ursprüngliche bzw. jüngste Gattung ist und daher im Stammbaum wahrscheinlich an Position C einzuordnen ist. Den fischähnlichsten Körper (Körper- und Kopfform, Flossenzahl und -form) hat *Eusthenopteron*. Vermutlich steht er daher an Position A. *Tiktaalik* ist aufgrund

des flachen Schädels und der reduzierten Flossenzahl weniger fischähnlich als *Eusthenopteron* und *Panderichthys*. Während Elle, Speiche und Handwurzelknochen seiner Vorderextremität noch sehr denjenigen von *Panderichthys* ähnelt, könnten die terminalen Knochen der Vorderextremität als eine Vorstufe von Fingerknochen (wie bei *Acanthostega*) gedeutet werden. Daher lässt sich *Tiktaalik* an Position B einordnen.

1.3 Definition des Begriffs Homologie *(AFB I)*:
Homologe Strukturen, z. B. Organe oder Gliedmaßen, lassen sich auf einen gemeinsamen Grundbauplan der verglichenen Arten zurückführen, man spricht auch von Abstammungsähnlichkeit.

TIPP Wurden im Unterricht die Homologiekriterien (der Lage, der Kontinuität, der spezifischen Qualität) behandelt, so können Sie diese anhand der in Abbildung 4 gezeigten Vorderextremitäten idealtypisch anwenden:

- Lage: Die einzelnen Knochen sind in einem gemeinsamen Bezugssystem in vergleichbarer Lage angeordnet.
- Kontinuität: Stammesgeschichtliche Veränderungen lassen sich von der Flosse von *Eusthenopteron* bis hin zur frühen Tetrapodenextremität von *Acanthostega* über Zwischenstufen verfolgen.
- Qualität: Die Knochen der Vorderextremitäten bestanden vermutlich aus der gleichen Knochensubstanz.

Erläuterung der Bedeutung für die Stammbaumrekonstruktion *(AFB II)*:
Da homologe Strukturen auf eine gemeinsame Abstammung der betreffenden Arten hindeuten, lassen sich auf der Grundlage dieser Merkmale stammesgeschichtliche Verwandtschaftsbeziehungen rekonstruieren.

2 Begründung für die Unhaltbarkeit der früheren Landgang-Hypothese *(AFB III)*:
Nach den neueren Erkenntnissen fand die Umgestaltung von Flossen zu Beinen und Füßen aufgrund des Selektionsdrucks „Fortbewegung in seichtem Wasser“ und des Selektionsdrucks „Sauerstoffmangel“ bereits im Wasser statt. Diese „Voranpassung“ *(Präadaptation)* ermöglichte dann den späteren Landgang. Daher erscheint die frühere Vermutung, dass die Evolution der Beine und Füße erst durch den Selektionsdruck zur effizienteren Fortbewegung an Land stattgefunden haben soll, nicht mehr haltbar zu sein.

Lösung der Einstiegsaufgabe (Prüfungsteil 2)

Definition des Begriffs Gen *(AFB I)*:
Ein Gen ist ein Abschnitt auf der DNA eines Organismus, der die Information für seine (enzymatische) Umsetzung in ein Protein mit einer bestimmten Funktion enthält.

TIPP Je nach unterrichtlicher Behandlung können Sie hier auch auf den Wandel des Genbegriffs eingehen und die heute geltende Auffassung ansprechen, dass ein eukaryotisches Gen ein Abschnitt auf der DNA ist, der für eine prä-mRNA codiert, aus der ggf. mehrere unterschiedliche Polypeptide durch alternatives Spleißen hervorgehen können.

Sachgebiet Evolution

„DU MEINE GÜTE! WIR SOLLEN VOM AFFEN ABSTAMMEN?"

Dies soll die Ehefrau des Bischofs von Worcester sinngemäß ausgerufen haben, als sie von den aktuellen Thesen DARWINs zur Evolution des Menschen erfuhr. Heute gilt es als wissenschaftlich gesichert, dass die anderen großen Menschenaffen (Orang-Utan, Gorilla, Schimpanse) unsere nächsten lebenden Verwandten sind. So gleichen sich Mensch und Schimpanse genetisch zu beinahe 99 %. Doch bereits ein vergleichender Blick auf die Anatomie beider Arten zeigt, dass der moderne Mensch unmöglich vom Affen abstammen kann.

Abb. 1: DARWIN-Karikatur von 1871
© „A Venerable Orang-outang", eine Karikatur von Charles Darwin als Affe/Wikimedia

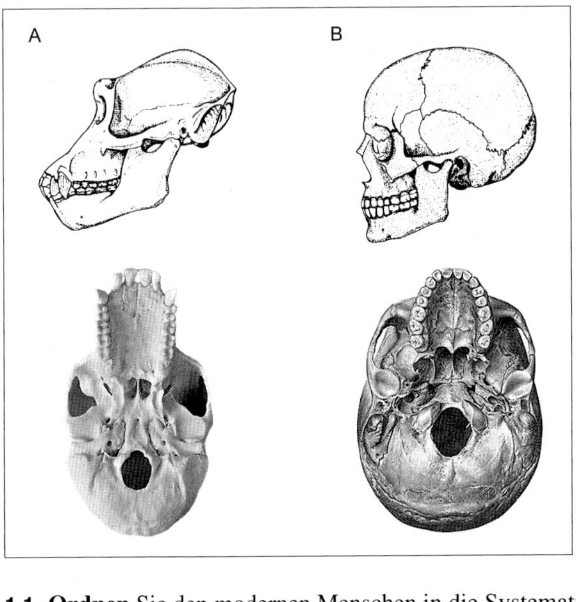

Abb. 2: Ansichten des Schädels des Schimpansen (A) und des modernen Menschen (B) im Vergleich
verändert nach: Klaus Rassinger und Gerhard Cammerer, Museum Wiesbaden/Wikimedia; CC BY-SA 3.0 und © Dr. Johannes Sobotta/Wikimedia

1.1 **Ordnen** Sie den modernen Menschen in die Systematik der Säugetiere **ein**.

1.2 **Beschreiben** und **erklären** Sie anhand von Abbildung 2 wesentliche Unterschiede bezüglich der Schädel und Kiefer des modernen Menschen und eines weiteren Vertreters der Menschenaffen, des Schimpansen.

1.3 **Zeigen** Sie anhand der Karikatur (Abb. 1) weitere wesentliche Merkmale, in denen sich der Körperbau des Menschen vom Körperbau der anderen Menschenaffen unterscheidet, und **erläutern** Sie, welche Bedeutung diese Merkmale bei der Evolution des Menschen vermutlich hatten.

2 Neben den Unterschieden im Skelettbau fällt beim Menschen im Vergleich zu den anderen Menschenaffen besonders das Fehlen eines dichten Haarkleids auf. **Stellen** Sie eine **Hypothese** dazu **auf**, welchen evolutiven Vorteil der Fellverlust für die Vorfahren des Menschen gehabt haben könnte.

Einstieg in Prüfungsteil 2: an Musteraufgabe angrenzendes Sachgebiet

Sachgebiet	Einstiegsaufgabe
Moleküle des Lebens	Haare bestehen aus dem Strukturprotein Keratin. **Nennen** Sie weitere Funktionen von Proteinen.

Lösungsvorschlag – Musteraufgabe 15

Prüfungsinhalte Systematik der Säugetiere, Vergleich der Skelette des Menschen und anderer Menschenaffen, Humanevolution, Selektionsvorteil

TIPP *Allgemeine Bearbeitungshinweise und Tipps zur Vortragsgestaltung*

Bei den relativ offenen Arbeitsaufträgen der Teilaufgaben 1.2 und 1.3 ohne geforderte Anzahl an Elementen ist es ratsam, den Umfang Ihrer Ausführungen je nach Wissensstand anzupassen, also einzelne Punkte ggf. etwas detaillierter oder auch knapper wiederzugeben. Behalten Sie dabei jedoch immer die Zeit im Blick, um sich nicht zu „verzetteln".

1.1 **Einordnung** des Menschen in die Systematik der Säugetiere *(AFB I)*:

Unterklasse: Placentalia (Plazentatiere)
Ordnung: Primates (Primaten)
Familie: Hominidae (Menschenaffen)
Gattung: *Homo* (Mensch)
Art: *Homo sapiens*

1.2 **Beschreibung** und **Erklärung** wesentlicher Unterschiede zwischen den Schädeln von Mensch und Schimpanse *(AFB I, II)*:

Mensch	Schimpanse	Erklärung
Gehirnschädel relativ groß, hohe, gewölbte Stirn	Gehirnschädel relativ klein, fliehende Stirn	Das Merkmal steht in Zusammenhang mit dem geringeren Gehirnvolumen von Schimpansen (ca. 400 ml) gegenüber dem des Menschen (ca. 1 350 ml).
Gesichtsschädel relativ klein und flach, liegt unterhalb des Gehirnschädels	Gesichtsschädel prominent und schnauzenartig, liegt vor Gehirnschädel	Die Lage des Gesichtsschädels unterhalb des Gehirnschädels ist bei einer aufrechten Körperhaltung günstig für die Position des Kopfschwerpunkts.
Hinterhauptsloch zentral an Schädelunterseite	Hinterhauptsloch im hinteren Schädelbereich	Die Positionsverlagerung ist beim Menschen durch die aufrechte Körperhaltung bedingt.
kein Scheitelkamm und kaum ausgeprägte Überaugenwülste	Scheitelkamm und stark ausgeprägte Überaugenwülste	Der Scheitelkamm dient bei Affen als Ansatzstelle für die Kaumuskulatur, die Überaugenwülste dienen vermutlich zur Stabilisierung des Schädels, der einem hohen Kaudruck durch die kräftigen Kiefer ausgesetzt ist.

Mensch	Schimpanse	Erklärung
Gebiss parabelförmig	Gebiss u-förmig, prominente Eckzähne	Die Reduktion der Eckzähne und die Parabelform ermöglichen eine platzsparende Anordnung der Zahnreihen; diese wurde durch die Verlagerung des Gesichtsschädels unterhalb des Gehirnschädels notwendig.
Kinn tendenziell vorspringend	Kinn fliehend	Die vorspringende Struktur dient vermutlich der Stabilisierung des Unterkiefers.

1.3 **Zeigen** unterschiedlicher Merkmale im Körperbau und **Erläuterung** der Bedeutung dieser Merkmale bei der Humanevolution *(AFB II)*:

andere Menschenaffen	Mensch	Bedeutung
nach vorne gewölbte Wirbelsäule	senkrechte Wirbelsäule	Die Verlagerung des Körperschwerpunkts zur Körperlängsachse erleichtert die zweibeinige Fortbewegung.
C-förmige Wirbelsäule	doppelt-S-förmige Wirbelsäule	Die Last des Körpers wird beim Aufrechtgehen gedämpft und abgefedert.
Arme länger als Beine	Beine länger als Arme	Längere Beine erlauben eine größere Schrittweite.
schwacher, kurzer Daumen	kräftiger, langer, allen Fingern gegenüber opponierbarer Daumen	Ein Präzisionsgriff, u. a. zur Anfertigung und Nutzung von Werkzeugen, wird möglich.
abgespreizter, opponierbarer großer Zeh	anderen Zehen anliegender großer Zeh	Die Abrollfähigkeit des Fußes wird erhöht und das Gleichgewicht durch den Drei-Punkt-Stand verbessert.
kein Fußgewölbe	Fußgewölbe	Die Last des Körpers wird beim Aufrechtgehen abgefedert.
gebeugte Knie, O-förmige Beinstellung	Knie streckbar, parallele bis X-förmige Beinstellung	Die Verlagerung der Beine/Knie unter den Körperschwerpunkt ermöglicht beim zweibeinigen Gang, das Körpergewicht besser tragen zu können.

TIPP Nicht direkt aus der Abbildung ersichtlich sind die Unterschiede im Bau des Beckens: Das breite, schüsselförmige Becken des Menschen (gegenüber dem eher langen, schmalen Becken des Schimpansen) dient der besseren Aufnahme der Last der Eingeweide beim Aufrechtgehen.

2 **Hypothese** zum evolutiven Vorteil des Fellverlusts *(AFB III)*:

- Der Fellverlust ermöglichte eine bessere Wärmeabgabe durch Schwitzen direkt über die Haut (Verdunstungskühlung) in trocken-heißen Gebieten, in denen sich die Evolution des Menschen vermutlich vollzogen hat.
- In dichtem Haarkleid nisten sich zahlreiche Ektoparasiten ein, die Krankheitsüberträger sind und zeitaufwendig entfernt werden müssen. Der Fellverlust senkte das Infektionsrisiko und erlaubte es, mehr Zeit für existenziell notwendige Tätigkeiten wie Jagen und Sammeln zu investieren.

> **TIPP** Hier ist nur die Aufstellung einer Hypothese verlangt. Falls Sie mehrere plausible Ideen haben, zögern Sie jedoch nicht, diese vorzutragen.

Lösung der Einstiegsaufgabe (Prüfungsteil 2)

Nennung weiterer Funktionen von Proteinen *(AFB I)*:

- Katalyse von Stoffwechselreaktionen (Enzyme)
- Schutz, Verteidigung (z. B. Toxine)
- Transport (z. B. Hämoglobin)
- Stoffaustausch (z. B. Ionenkanal)

Sachgebiet Angewandte Biologie

PBR322 – PLASMIDVEKTOR DER ERSTEN STUNDE

Das Plasmid pBR322 war eines der ersten künstlich hergestellten Plasmide. Es setzt sich aus Abschnitten natürlich vorkommender Plasmide ohne sogenannte tra-Gene, die eine Übertragung von Plasmiden über eine Cytoplasmabrücke zwischen zwei Bakterien (Konjugation) ermöglichen, zusammen. Das Plasmid pBR322 besitzt alle für einen Klonierungsvektor notwendigen Eigenschaften. Häufig wird es zur Erzeugung transgener *Escherichia-coli*-Bakterien verwendet.

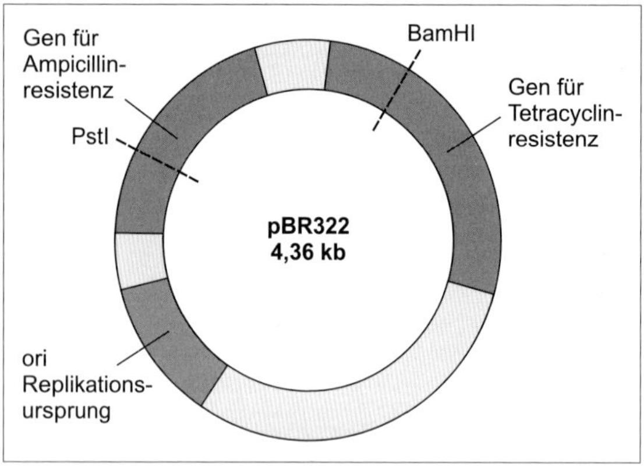

Abb.: Das Plasmid pBR322 (vereinfachte Darstellung)

1.1 **Definieren** Sie den Begriff Klonierungsvektor.

1.2 **Begründen** Sie anhand der Abbildung, welche Eigenschaften ein Klonierungsvektor aufweisen sollte.

1.3 **Erläutern** Sie, wie man nach erfolgter Transformation diejenigen *E. coli*-Bakterien selektieren kann, die ein rekombinantes Plasmid aufgenommen haben.

1.4 **Nennen** Sie anhand eines Beispiels ein Gebiet für die Anwendung transgener Bakterien.

2 **Begründen** Sie, weshalb man bei der Herstellung des Plasmids pBR322 die tra-Gene entfernt hat.

Einstieg in Prüfungsteil 2: an Musteraufgabe angrenzendes Sachgebiet

Sachgebiet	Einstiegsaufgabe
Zelle und Stoffwechsel	*E. coli* ist ein Bakterium. **Vergleichen** Sie eine Bakterienzelle mit einer tierischen Zelle.

Lösungsvorschlag – Musteraufgabe 16

Prüfungsinhalte	Klonierungsvektor, Restriktionsenzyme, Replikationsursprung (ori), Antibiotikum-Resistenzgene, Selektion transgener Bakterien, Prinzip der Markerinaktivierung

TIPP *Allgemeine Bearbeitungshinweise und Tipps zur Vortragsgestaltung*

Wann immer es Ihnen passend erscheint, können Sie zur Veranschaulichung Ihres Vortrags die Skizze in der Aufgabenstellung heranziehen. Falls es Ihnen bei der Erklärung hilft, kann auch die Erstellung einer eigenen einfachen Skizze lohnend sein, etwa um die Schnitte der Restriktionsenzyme (1.2) oder Schritte des Selektionsverfahrens (1.3) zu illustrieren.

1.1 **Definition** des Begriffs Klonierungsvektor *(AFB I)*:
Klonierungsvektoren dienen als „Genfähren", um Fremd-Nukleinsäure (meist Fremd-DNA) in Wirtszellen (häufig Bakterien) einzuschleusen und identisch zu vervielfältigen (klonieren).

1.2 **Begründung**, welche Eigenschaften ein Klonierungsvektor aufweisen sollte *(AFB II)*:

- Restriktionsschnittstellen für das Einfügen von Fremd-Nukleinsäure: Um Fremd-DNA in das Plasmid integrieren zu können, muss das Plasmid mithilfe von Restriktionsenzymen geöffnet werden können. Dabei sollten die entstehenden klebrigen Enden („sticky ends") durch Verwendung des gleichen Enzyms zu den Enden der einzufügenden Fremd-DNA passen. In der Abbildung sind zwei Schnittstellen für die Restriktionsenzyme PstI und BamHI dargestellt.
- Prokaryotischer Replikationsursprung zur Vervielfältigung des Plasmids: Damit es zu einer identischen Vervielfältigung des rekombinanten Plasmids (Plasmid mit integrierter Fremd-DNA), also zu einer Klonierung, kommen kann, wird eine Startstelle für die prokaryotische Replikation *(ori = origin of replication)* benötigt.
- Antibiotikum-Resistenzgene als Selektionsmarker: Um transgene Wirtszellen nach erfolgter Transformation nach dem Prinzip der Markerinaktivierung selektieren zu können, verfügt das Plasmid über zwei Markergene (Gene für Ampicillin- und Tetracyclin-Resistenz).

1.3 Erläuterung der Selektion der Bakterien mit rekombinantem Plasmid *(AFB I)*:

> **TIPP** Sie können hier auswählen, anhand welcher Restriktionsschnittstelle Sie den Einbau der Fremd-DNA erläutern. Achten Sie dabei nur auf die jeweiligen Konsequenzen der Integration für die Selektion der Bakterien.

Im Zuge der Klonierung wird eines der Resistenzgene, z. B. das Tetracyclin-Resistenzgen, zerschnitten und die Fremd-DNA dort integriert, sodass das entsprechende Gen seine Funktion verliert (Prinzip der Markerinaktivierung). Erfolgreich transformierte Bakterien lassen sich dann durch Anzucht auf Nährböden, die jeweils eines der Antibiotika enthalten, identifizieren:

- Selektion der Bakterien mit Plasmid oder Hybridplasmid: Bakterien, die auf einem Nährboden mit Ampicillin wachsen, haben ein Plasmid aufgenommen, da das Plasmid Resistenz gegen das Antibiotikum verleiht und da das Ampicillin-Resistenzgen nicht geschnitten wurde.
- Selektion der Bakterien mit Plasmid ohne Fremd-DNA: Durch Übertragung (mittels Samtstempel) der auf dem Nährboden mit Ampicillin angewachsenen Kolonien auf einen Nährboden mit Tetracyclin können Bakterien identifiziert werden, die ein Plasmid ohne eingebaute Fremd-DNA enthalten. Sie bilden auch auf diesem Nährboden Kolonien, da das Tetracyclin-Resistenzgen auf dem Plasmid exprimiert werden kann.
- Selektion der Bakterien mit rekombinantem Plasmid: Bakterien, die nur auf dem Ampicillin-Nährboden, nicht jedoch auf dem Tetracyclin-Nährboden Kolonien bilden, enthalten ein Plasmid mit Fremd-DNA, da deren Einbau die Expression des Tetracyclin-Resistenzgens verhindert.

1.4 Nennung eines Gebiets zur Anwendung transgener Bakterien *(AFB I)*:

- Pharmazeutik und Medizin *(rote Gentechnik)*: Produktion von Medikamenten (z. B. Insulin für Menschen mit Diabetes)
- Industrie *(weiße Gentechnik)*: Produktion von Enzymen für die Lebensmittelindustrie (z. B. Labferment für die Käseherstellung) oder von Enzymen in Waschmitteln (z. B. Proteasen, Amylasen)

2 Begründung für die Entfernung der tra-Gene *(AFB III)*:
Im Vortext wird erwähnt, dass bei Bakterien als natürliche Form des Gentransfers die sogenannte Konjugation vorkommt. Dabei wird ein Plasmid (bzw. ein Strang eines Plasmids) über eine Plasmabrücke zwischen zwei Bakterien (von einem Spender- auf ein Empfänger-Bakterium) übertragen. Gesteuert wird dies über die sogenannten tra*(transfer)*-Gene auf dem Spender-Plasmid. Um zu vermeiden, dass versehentlich freigesetzte transgene *E. coli*-Bakterien rekombinante Plasmide unkontrolliert weitergeben, werden die tra-Gene entfernt. Eine solche Weitergabe wäre je nach Informationsgehalt dieser rekombinanten Plasmide mit unvorhersehbaren und ggf. für Menschen oder Tiere gefährlichen Folgen (z. B. bei einer Plasmidübertragung auf infektiöse Bakterienspezies) verbunden.

Lösung der Einstiegsaufgabe (Prüfungsteil 2)

Vergleich von Bakterienzelle und tierischer Zelle *(AFB I)*:

Merkmal	Bakterienzelle	tierische Zelle
Zellkern	fehlt	echter Zellkern
DNA	liegt frei im Zellplasma als ringförmiges Molekül vor	im Zellkern lokalisiert (Chromosomen) sowie in Mitochondrien
membranumhüllte Zellorganellen	fehlen	vorhanden, z. B. Mitochondrium, Golgi-Apparat
Zellwand	vorhanden	fehlt
Plasmide	meist vorhanden	fehlen meist
Kompartimentierung	kaum ausgeprägt	stark ausgeprägt

Gemeinsamkeiten: Beide Zelltypen besitzen DNA als Erbsubstanz, Ribosomen als Zellorganellen der Translation, eine Cytoplasmamembran sowie Zellplasma.

Sachgebiet Angewandte Biologie

SICHELZELLENANÄMIE

In weiten Teilen Afrikas ist die sogenannte Sichelzellenanämie verbreitet. Aufgrund einer Mutation in einem der Hämoglobin-Gene (HBB-Gen; Hämoglobin besteht aus vier Untereinheiten) wird ein gegenüber dem normalen Hämoglobin-Proteinkomplex HbA verändertes Hämoglobin-Molekül (HbS) gebildet. Unter Sauerstoffmangel bzw. bei körperlicher Anstrengung kommt es dadurch zu einer sichelförmigen Deformation der Erythrozyten. Diese werden durch Fresszellen rasch aus dem Blut entfernt, was zu einer Blutarmut (Anämie) führt. Personen, die ein verändertes HBB-Allel und daher das Hämoglobin HbS besitzen, zeigen mildere Symptome bei einer Infektion mit dem Erreger der Malaria, einem einzelligen Parasiten, der sich u. a. in den Erythrozyten vermehrt.
Die Mutation lässt sich mit gentechnischen Methoden nachweisen. Dazu wird das HBB-Gen isoliert, vervielfältigt und mit dem Restriktionsenzym MstII geschnitten (Abb. 1). Anschließend wird eine Gelelektrophorese durchgeführt (Abb. 2).

normales HBB-Gen: 5' [ ] – CCT – GAG – GAG – [ ] 3'

mutiertes HBB-Gen: 5' [ ] – CCT – GTG – GAG – [ ] 3'

MstII-Erkennungssequenz: 5' – CCTGAGG – 3'

Abb. 1: Ausschnitte aus der Sequenz des normalen und des mutierten HBB-Gens und Erkennungssequenz von MstII

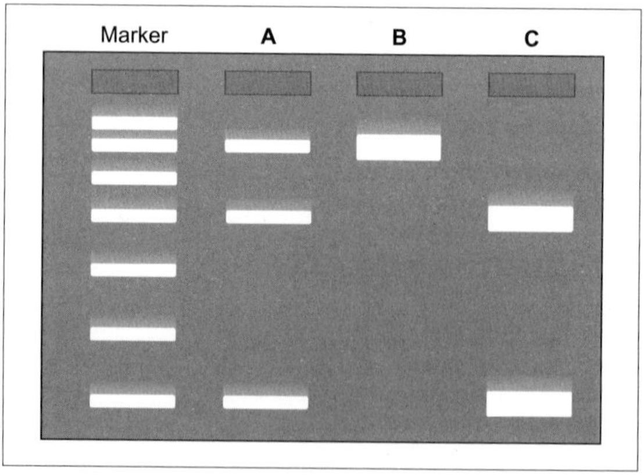

Abb. 2: Ergebnis der Gelelektrophorese

1.1 **Benennen** Sie den Mutationstyp im HBB-Gen. **Erläutern** Sie mögliche Auswirkungen dieses Mutationstyps und **begründen** Sie, welche dieser Auswirkungen als Ursache für das Krankheitsbild der Sichelzellenanämie infrage kommt.

1.2 **Definieren** Sie den Begriff Restriktionsenzym und **erklären** Sie das Funktionsprinzip der Gelelektrophorese.

1.3 **Ordnen** Sie begründet die Bandenmuster A–C (Abb. 2) einer homozygot gesunden, einer heterozygot betroffenen und einer homozygot betroffenen Person **zu**.

2 **Stellen** Sie eine Hypothese dazu auf, weshalb diese genetisch bedingte Erkrankung Betroffene vor Malaria schützt.

Einstieg in Prüfungsteil 2: an Musteraufgabe angrenzendes Sachgebiet

Sachgebiet	Einstiegsaufgaben
Moleküle des Lebens	**Benennen** Sie die Strukturebenen des Proteins Hämoglobin.
Evolution	**Begründen** Sie das gehäufte Vorkommen dieser genetisch bedingten Erkrankung in Afrika.

Lösungsvorschlag – Musteraufgabe 17

Prüfungsinhalte Restriktionsenzym, Punktmutation, Gelelektrophorese und Interpretation von Bandenmustern, homozygot, heterozygot

TIPP *Allgemeine Bearbeitungshinweise und Tipps zur Vortragsgestaltung*

In dieser Aufgabe sollen Sie neben Kenntnissen der molekularbiologischen Methoden auch Ihr Grundwissen aus der „klassischen" Genetik abrufen.

1.1 **Nennung** des Mutationstyps *(AFB I)*:
Da sich die Basensequenz des mutierten HBB-Gens nur in einer Base (A $\rightarrow$ T) vom normalen HBB-Gen unterscheidet, handelt es sich um eine Punktmutation.

Erläuterung der Auswirkungen der Mutation und **Begründung**, welche als Ursache der Sichelzellenanämie infrage kommt *(AFB II, III)*:
Im codierenden Bereich kann eine Punktmutation prinzipiell zu einem verfrühten Abbruch der Translation (Nonsense-Mutation), zum Einbau einer falschen Aminosäure (Missense-Mutation) oder zum Einbau der gleichen Aminosäure (stumme Mutation) führen. Da die Mutation schwerwiegende Folgen hat, kann die letztgenannte Möglichkeit ausgeschlossen werden. Ebenfalls unwahrscheinlich ist ein verfrühter Abbruch der Translation, da in diesem Fall vermutlich kein funktionsfähiges Protein entstehen würde und die genannten Gestaltänderungen der Erythrozyten bereits ohne Sauerstoffmangel auftreten müssten. Wahrscheinlich ist, dass es durch den Einbau einer falschen Aminosäure zu einer veränderten Tertiärstruktur des Hämoglobin-Proteins und infolgedessen zu einer Deformation der gesamten Blutzelle unter Sauerstoffmangel bzw. körperlicher Anstrengung kommt.

1.2 **Definition** des Begriffs Restriktionsenzym *(AFB I)*:
Restriktionsenzyme sind Enzyme, die eine spezifische Basensequenz der DNA erkennen und an dieser Stelle die DNA schneiden können.

TIPP Zusätzlich können Sie erwähnen, dass Restriktionsenzyme „Abwehrmoleküle" von Bakterien sind, mit deren Hilfe injizierte Bakteriophagen-DNA unschädlich gemacht wird.

Erklärung des Funktionsprinzips der Gelelektrophorese *(AFB I)*:
Die aufgrund ihrer Phosphatgruppen negativ geladenen DNA-Stränge können in einer Elektrolytlösung nach Aufbau eines elektrischen Felds bewegt werden. Dabei wandern die Nukleinsäuren abhängig von ihrer Molekülgröße mit unterschiedlicher Geschwindigkeit durch eine netzartige Matrix aus Kohlenhydratketten (Gel) zum Pluspol (Anode). Kurze DNA-Fragmente durchwandern das Gel

schneller als lange DNA-Moleküle. Die (nach einer gewissen Zeit) nach der Größe aufgetrennten Fragmente lassen sich im Gel als Banden sichtbar machen (z. B. mittels Fluoreszenzfarbstoffen) und analysieren.

1.3 **Begründete Zuordnung** der Bandenmuster *(AFB II)*:

> **TIPP** Jeder Mensch besitzt für ein Gen zwei Varianten, sogenannte Allele (eines väterlicher- und eines mütterlicherseits). Individuen mit identischen Allelen nennt man für das von diesem Gen codierte Merkmal homozygot (reinerbig), solche mit unterschiedlichen Allelen heterozygot (mischerbig).
> Für die Interpretation von Ergebnissen einer Gelelektrophorese sind drei Aspekte entscheidend: die Anzahl der Fragmente, die im Gel zurückgelegte Strecke der Fragmente sowie die Dicke der Banden.

A Heterozygot betroffen: Da durch die Mutation im HBB-Gen die Schnittstelle für MstII verloren geht, ist ein sehr langes (ungeschnittenes) Fragment nachweisbar, das im Gel nur eine sehr kurze Strecke wandert. Darüber hinaus sind ein Fragment mittlerer Länge sowie ein kurzes Fragment anhand der entsprechend längeren Wanderstrecken zu identifizieren, die durch den Schnitt des Restriktionsenzyms entstanden sein müssen. Folglich verfügt diese Person über ein intaktes HBB-Allel (mit Restriktionsschnittstelle für MstII) sowie über ein mutiertes HBB-Allel (ohne Schnittstelle für MstII) und ist somit heterozygot bezüglich des Merkmals der Sichelzellenanämie.

B Homozygot betroffen: Aufgrund der kurzen Wanderstrecke des Fragments und der Dicke der Bande lässt sich schließen, dass diese Person zwei identische Allele ohne Restriktionsschnittstelle aufweist und somit homozygot von der Erkrankung betroffen ist.

C Homozygot gesund: Nur ein sehr kurzes Fragment und ein Fragment mittlerer Länge sind nachweisbar, deren Banden doppelt so breit sind wie die Banden von A auf gleicher Höhe. Daraus lässt sich schließen, dass diese Person über zwei identische Allele mit Restriktionsschnittstelle für MstII verfügt und somit homozygot merkmalsfrei ist.

2 **Hypothese** zum Malariaschutz Betroffener *(AFB III)*:

> **TIPP** Bei dieser Aufgabe geht es nicht darum, dass Sie die tatsächliche Schutzwirkung benennen können. Stellen Sie auf der Basis Ihres Wissens und anhand von Indizien aus dem Text eine möglichst gut begründete, plausible Vermutung auf.

- Aufgrund der sichelartigen Verformung der Erythrozyten kann der Malaria-Erreger nicht in die Blutzellen eindringen und sich vermehren.
- Die veränderte Tertiärstruktur des Hämoglobins oder dessen Abbauprodukte beeinträchtigen die intrazelluläre Vermehrung des Parasiten.

- Der Parasit kann zwar in die Zellen eindringen und sich ggf. auch vermehren, wird aber gemeinsam mit den deformierten roten Blutkörperchen phagozytiert und auf diese Weise unschädlich gemacht.

Lösungen der Einstiegsaufgaben (Prüfungsteil 2)

Benennung der Strukturebenen des Proteins Hämoglobin *(AFB I, II)*:
- Primärstruktur: Aminosäuresequenzen der Hämoglobin-Gene
- Sekundärstruktur: lokale räumliche Strukturelemente (z. B. α-Helices)
- Tertiärstruktur: dreidimensionale Struktur
- Quartärstruktur: übergeordnete räumliche Struktur, die durch Zusammenlagerung mehrerer Polypeptidketten (Untereinheiten des Hämoglobins) entsteht

Begründung des gehäuften Vorkommens der Erkrankung in Afrika *(AFB III)*:
Da sich das Verbreitungsgebiet der Malaria vorwiegend auf Afrika erstreckt, besitzen dort lebende Menschen, die das veränderte HBB-Gen (heterozygot) besitzen, einen Vorteil gegenüber Personen ohne das entsprechende Allel. Sie haben ein geringeres Risiko, an Malaria zu erkranken und an der Krankheit zu sterben, und geben ihre merkmalsbestimmenden Allele an ihre Kinder weiter. Daher bleiben/blieben diese Allele im Genpool der Bevölkerung erhalten.

Baden-Württemberg ▪ Biologie Basisfach
Mündliche Abiturprüfung ▪ Musteraufgabe 18

Sachgebiete Angewandte Biologie
Moleküle des Lebens und Grundlagen der Vererbung

VATERSCHAFTSTEST

Ein Vaterschaftstest beruht auf der Erstellung eines genetischen Fingerabdrucks der Mutter, des Kindes und der potenziellen Väter. Dabei handelt es sich um ein einzigartiges Bandenmuster aus DNA-Fragmenten eines Individuums (siehe Abb.). Zur Analyse eignen sich vor allem DNA-Bereiche mit sich wiederholenden Abschnitten (repetitive Sequenzen), die nicht für ein Protein codieren. Nach Isolierung der DNA aus einer Probe (z. B. aus Zellen der Mundschleimhaut oder des Blutes) werden bestimmte nicht-codierende Bereiche zunächst vervielfältigt. Anschließend wird mit den so aufbereiteten Proben eine Gelelektrophorese durchgeführt und das Ergebnis durch Bestrahlung mit UV-Licht oder mittels Autoradiographie sichtbar gemacht.

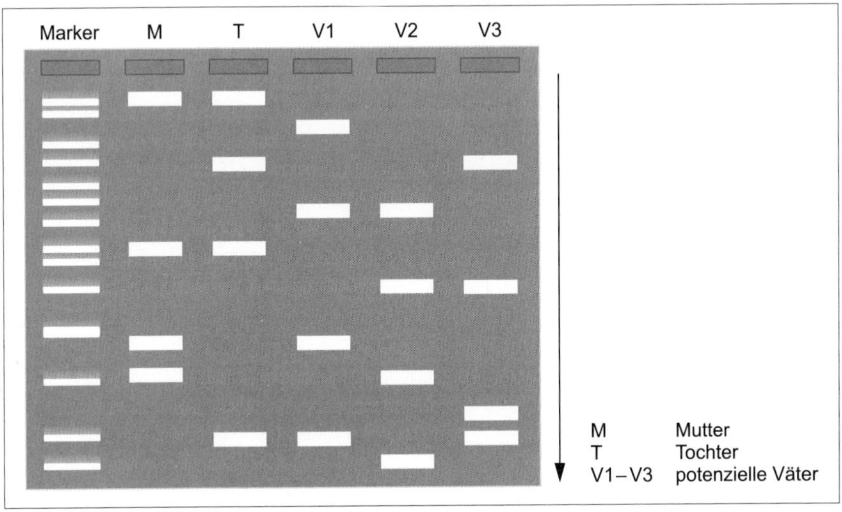

Abb.: Ergebnis einer Gelelektrophorese zur Auswertung des genetischen Fingerabdrucks

1.1 **Erläutern** Sie die Funktion der im Text genannten Verfahrensschritte bis zur Sichtbarmachung des Testergebnisses.

1.2 **Ermitteln** Sie anhand der Abbildung, welche Person (V1–V3) als Vater der Tochter (T) infrage kommt.

1.3 **Begründen** Sie, weshalb gerade nicht-codierende DNA-Bereiche zur Erstellung eines genetischen Fingerabdrucks analysiert werden.

2 An der Ausprägung der Hautfarbe eines Menschen sind zahlreiche Gene beteiligt (Polygenie). In extrem seltenen Fällen kann auch ein sehr dunkelhäutiges Paar ein weißes Kind bekommen. **Begründen** Sie, wie es dazu kommen könnte.

Einstieg in Prüfungsteil 2: an Musteraufgabe angrenzendes Sachgebiet

Sachgebiet	Einstiegsaufgabe
Zelle und Stoffwechsel	Für die Erstellung des genetischen Fingerabdrucks werden häufig Zellen der Mundschleimhaut entnommen. **Erstellen** Sie eine **beschriftete Skizze** einer Mundschleimhautzelle an der Tafel und **nennen** Sie Unterschiede zu einer pflanzlichen Zelle.

Lösungsvorschlag – Musteraufgabe 18

Prüfungsinhalte genetischer Fingerabdruck, Gelelektrophorese, nicht-codierende Bereiche der DNA, dominant, rezessiv

TIPP *Allgemeine Bearbeitungshinweise und Tipps zur Vortragsgestaltung*

Die erfolgreiche Bearbeitung der Aufgabe erfordert, dass Sie mit dem Verfahren der Gelelektrophorese vertraut sind. Auch wenn Sie das Prinzip des genetischen Fingerabdrucks nicht aus dem Unterricht kennen sollten, können Sie die Aufgabe mithilfe Ihrer molekularbiologischen Kenntnisse lösen. Beachten Sie außerdem, dass bei dieser Aufgabe auch auf das Sachgebiet „Grundlagen der Vererbung" Bezug genommen wird. Bei Vortragsthemen aus dem Feld „Angewandte Biologie" sollten Sie auf Verknüpfungen dieser Art vorbereitet sein.

1.1 Erläuterung der Verfahrensschritte *(AFB I, II)*:

- Isolierung der DNA aus einer Probe: Da sich die zu untersuchende DNA im Zellkern befindet, muss diese zunächst aus dem Zellkern isoliert werden.
- Vervielfältigung bestimmter nicht-codierender Bereiche: Da sich nicht-codierende Bereiche von Mensch zu Mensch besonders stark unterscheiden und man für die spätere Gelelektrophorese eine bestimmte Menge DNA benötigt, eignet sich die Polymerasekettenreaktion besonders, um durch Auswahl geeigneter Primer eingegrenzte Abschnitte der DNA zu vervielfältigen.
- Gelelektrophorese: Dieses Verfahren dient der Auftrennung des Gemischs aus unterschiedlich langen DNA-Fragmenten entsprechend ihrer Länge in einem Gel.
- Sichtbarmachung der DNA-Banden: Da DNA-Fragmente sehr klein und im Gel kaum zu erkennen sind, werden sie mithilfe fluoreszierender Farbstoffe oder radioaktiver Isotope markiert und können nach Ablauf der Gelelektrophorese als Banden sichtbar gemacht werden.

1.2 Ermittlung der Vaterschaft *(AFB II)*:

Als Vater kommt mit der höchsten Wahrscheinlichkeit Person V3 infrage, da sein Bandenmuster in zwei Banden mit dem Muster der Tochter T übereinstimmt. Diese Banden fehlen im genetischen Fingerabdruck der Mutter. Die anderen beiden Banden der Tochter finden sich im DNA-Bandenprofil der Mutter.

TIPP Person V1 ist wahrscheinlich trotz einer übereinstimmenden Bande mit dem Bandenmuster der Tochter nicht der Vater, da die Tochter eine weitere Bande aufweist, die weder im Bandenmuster der Mutter noch im Bandenprofil von Person V1 auftaucht. Das schließt V1 mit hoher Wahrscheinlichkeit als potenziellen Vater aus. Mit absoluter Sicherheit lässt sich dies allerdings nicht sagen, da es im Erbgut der Tochter zu spontanen Mutationen gekommen sein könnte, die für diese „Nichtübereinstimmung" verantwortlich sein könnten.

1.3 **Begründung** für die Analyse nicht-codierender Bereiche der DNA *(AFB III)*:
Um Personen anhand ihrer DNA mit hoher Wahrscheinlichkeit voneinander unterscheiden zu können, ist es notwendig, DNA-Abschnitte zu vergleichen, die von Mensch zu Mensch verschieden sind. Diese Eigenschaft trifft besonders auf DNA-Abschnitte zu, die nicht für ein Protein codieren (nicht-codierende Sequenzen). Hier können sich Mutationen anhäufen, ohne Merkmalsänderungen hervorzurufen, an denen die natürliche Selektion angreifen könnte.

TIPP Besonders Abschnitte, in denen sich spezifische, kurze Basenabfolgen wiederholen (sogenannte repetitive Sequenzen), sind interindividuell unterschiedlich lang und eignen sich daher gut für eine eindeutige Unterscheidung von Personen anhand des gewonnenen Bandenmusters. Zur Erstellung des DNA-Profils werden ca. 8 bis 15 solcher Abschnitte analysiert.
Bei der Analyse nicht-codierender Sequenzen lassen sich darüber hinaus keine Rückschlüsse auf individuelle Merkmale ziehen.

2 **Begründung** für ein weißes Kind eines dunkelhäutigen Paares *(AFB III)*:
Aus der Angabe, dass beide Eltern dunkelhäutig sind, lässt sich ableiten, dass die Gene, die für eine dunkle Hautpigmentierung sorgen, entweder dominant sind oder dass die Eltern homozygot rezessiv für dieses Merkmal sein müssen. Da aber offensichtlich die Möglichkeit besteht, dass ein weißes Kind zur Welt kommt, müssen die Eltern hinsichtlich der zahlreichen Gene, die die Pigmentierung bedingen, auch über Allele verfügen, die zur Ausprägung einer hellen Hautfarbe führen. Kommen bei der Befruchtung jeweils die rezessiven Allele des Vaters und der Mutter für die helle Hautfarbe in der Zygote zusammen, so kann als sehr seltenes Ereignis ein Kind mit weißer Hautfarbe entstehen.

Lösungen der Einstiegsaufgaben (Prüfungsteil 2)

Beschriftete Skizze einer Mundschleimhautzelle *(AFB I):*

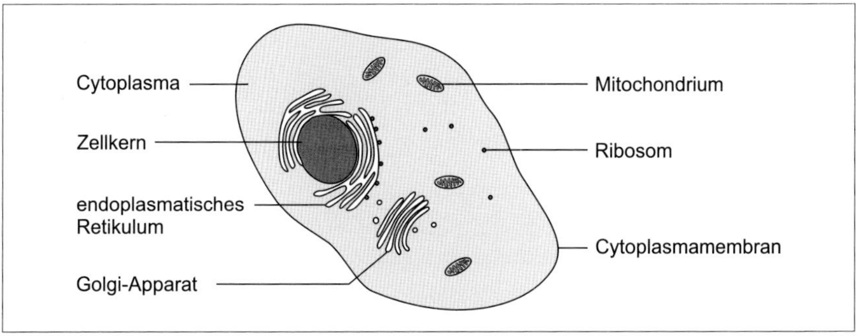

TIPP Es geht hier nicht darum, dass Sie spezielle Merkmale von Mundschleimhautzellen (Epithelzellen) kennen und abbilden können, sondern darum, die typischen Kennzeichen eukaryotischer Zellen zu skizzieren.

Nennung von Unterschieden zu einer pflanzlichen Zelle *(AFB I):*

Zellbestandteil	Mundschleimhautzelle	Pflanzenzelle
Zellwand	–	✓
Chloroplast	–	✓
Vakuole	–	✓

2. PRÜFUNGSTEIL

Sachgebiet Zelle und Stoffwechsel

1 Die grundlegende strukturelle und funktionelle Einheit aller Organismen ist die Zelle.

1.1 **Identifizieren** Sie in der folgenden Skizze einer elektronenmikroskopischen Aufnahme einer pflanzlichen Zelle drei Zellorganellen und **nennen** Sie kurz deren Funktion.

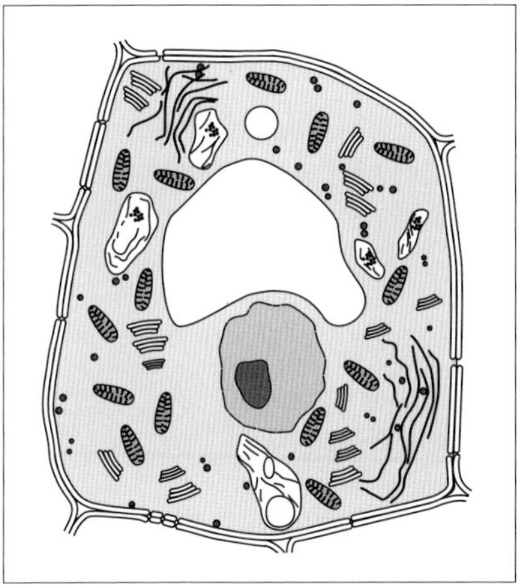

Abb. 1: Skizze einer pflanzlichen Zelle (nach einer EM-Aufnahme)

1.2 **Zeigen** Sie an einem selbst gewählten Beispiel einen Zusammenhang zwischen Bau und Funktion eines Zellorganells **auf**.

1.3 **Nennen** Sie Unterschiede zwischen einer pflanzlichen und einer tierischen Zelle.

1.4 **Begründen** Sie, um welchen spezifischen Zelltyp von Tieren es sich bei den in den Abbildungen 2 und 3 gezeigten Zellen jeweils handelt.

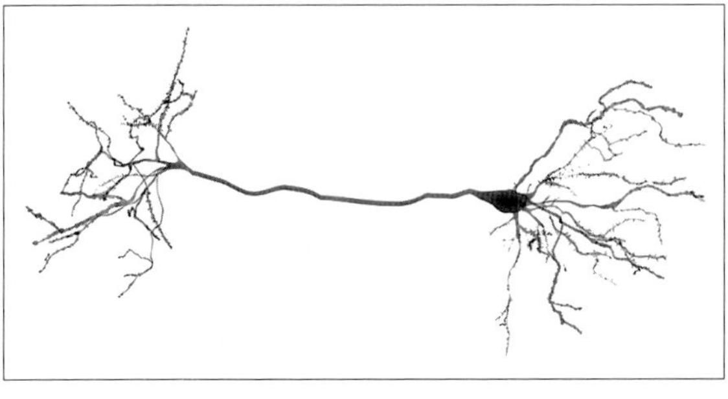

Abb. 2: Tierische Zelle
© *621082. Shutterstock*

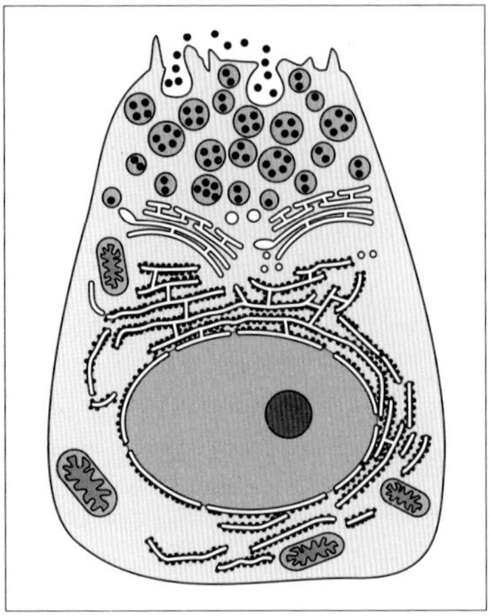

Abb. 3: Skizze einer tierischen Zelle

2 Die starke Gliederung der Zelle in unterschiedliche Reaktionsräume durch Biomembranen (Kompartimentierung) unterscheidet die Eucyte (neben anderen Merkmalen) von der Procyte.

2.1 **Beschriften** Sie die folgende Skizze einer Procyte (Abb. 4) und **nennen** Sie weitere Unterschiede zur Eucyte.

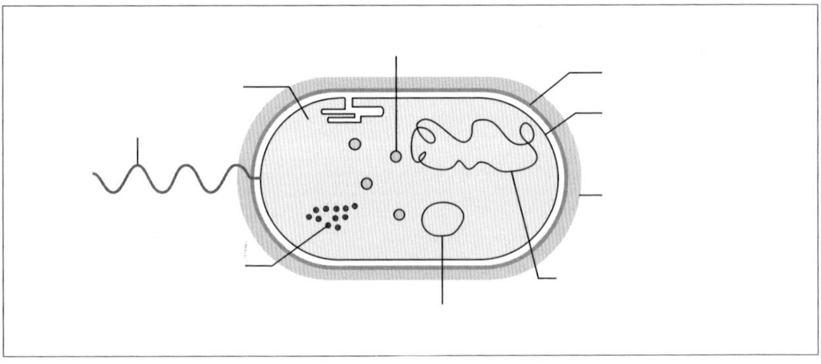

Abb. 4: Skizze einer Procyte

2.2 **Erläutern** Sie einen Vorteil der intrazellulären Gliederung der Eucyte in einzelne Reaktionsräume und **begründen** Sie, weshalb dies eine evolutionäre Voraussetzung für die Entstehung mehrzelliger, komplexer Organismen war.

2.3 **Erläutern** Sie anhand einer beschrifteten Skizze den Aufbau einer Biomembran nach dem Flüssig-Mosaik-Modell.
Begründen Sie anhand Ihrer Skizze, weshalb Phospholipide, die aus der Cytoplasmamembran roter Blutkörperchen isoliert und auf eine Wasseroberfläche aufgetragen werden, eine Schicht bilden, die doppelt so groß ist wie die Oberfläche der roten Blutkörperchen.

2.4 **Unterscheiden** Sie aktive und passive Transportprozesse durch Biomembranen und **nennen** Sie je ein Beispiel.

2.5 Einige Medikamente gegen Pilzinfektionen erzeugen winzige Löcher in der Biomembran der Pilzerreger. **Stellen** Sie eine **Vermutung** über mögliche Folgen für die Pilzzellen **auf**.

Lösungsvorschlag

1.1 Identifizierung von Zellorganellen *(AFB I)*:

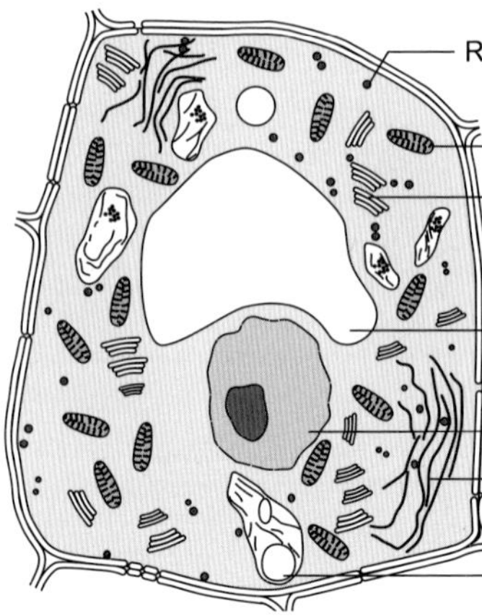

Nennung der Funktion von *(drei)* Zellorganellen *(AFB I)*:

- Chloroplasten: Umwandlung von Lichtenergie in chemische Energie bei der Fotosynthese; aus CO_2 und H_2O wird Glucose aufgebaut.
- Mitochondrien: Aerober Abbau der Brenztraubensäure bei der Zellatmung; die frei werdende Energie wird als ATP gespeichert.
- Dictyosom/Golgi-Apparat: Aufnahme, Modifikation und Speicherung von Proteinen v. a. aus dem rauen eR, Abschnürung von Golgi-Vesikeln.
- Zellkern: Speicherort der DNA und damit der genetischen Information, Steuerung von Stoffwechselvorgängen, Wachstum und Entwicklung.
- endoplasmatisches Retikulum (eR): intrazellulärer Stofftransport, Bildung von Membranproteinen und Proteinen, die nach außen abgegeben werden (raues eR) und Membranlipiden (glattes eR).
- Vakuole: Speicherort für verschiedene Stoffe (z. B. Abfallstoffe, giftige Substanzen, Farbstoffe); Turgordruck sorgt für Festigkeit der Zelle.
- Ribosomen: Aufbau der Proteine durch Translation von mRNA-Molekülen.

1.2 Aufzeigen eines Struktur-Funktion-Zusammenhangs *(AFB II)*:

- Sowohl Chloroplasten als auch Mitochondrien weisen durch Einstülpungen (Thylakoide bzw. Cristae) eine starke Oberflächenvergrößerung der inneren Membran auf, wodurch eine besonders effektive Fotosynthese bzw. Zellatmung möglich ist.
- Die weitreichende Verzweigung des endoplasmatischen Retikulums macht das Organell zu einem effektiven Transportsystem.

1.3 **Nennung** von Unterschieden *(AFB I)*:
Tierische Zellen besitzen keine Chloroplasten, keine Zellwand und keine Vakuole.

1.4 **Begründung** des Zelltyps *(AFB II)*:
- Abbildung 2: Es handelt sich um eine Nervenzelle, da ein Zellkörper mit astartigen Fortsätzen (Dendriten) zur Informationsaufnahme von anderen Zellen, eine lange Faser (Axon) zur Weiterleitung von Informationen sowie Strukturen zur Informationsübertragung (synaptische Endknöpfchen) erkennbar sind.
- Abbildung 3: Es handelt sich um eine Drüsenzelle, da ein ausgeprägtes eR zur Proteinbiosynthese (z. B. von Verdauungsenzymen) sowie zahlreiche Vesikel und die Sekretion des Inhalts der Vesikel durch Exocytose zu sehen sind.

2.1 **Beschriftung** der Procyte *(AFB I)*:

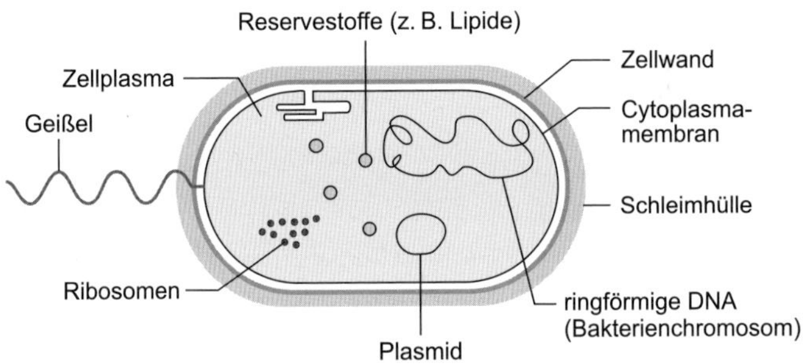

Nennung weiterer Unterschiede zur Eucyte *(AFB I)*:

Merkmal	Procyte	Eucyte
Zellkern	fehlt	echter Zellkern
DNA	frei im Zellplasma als ringförmiges Molekül (Bakterienchromosom)	im Zellkern als lineare Moleküle (Chromosomen) sowie in Mitochondrien und Chloroplasten
membranumhüllte Zellorganellen	fehlen	vorhanden, z. B. Mitochondrium, endoplasmatisches Retikulum
Zellwand	vorhanden	nur bei Pflanzen- und Pilzzellen
Plasmide	oft in hoher Kopienzahl	fehlen normalerweise *(Ausnahme sind z. B. einige Hefepilze)*

2.2 **Erläuterung** eines Vorteils der Kompartimentierung *(AFB II)*:
- Unterschiedliche Stoffwechselreaktionen können ungestört nebeneinander ablaufen.

- Es können Konzentrationsgradienten gelöster Stoffe in angrenzenden Kompartimenten aufgebaut werden, z. B. um Stoffe durch die Membran zu transportieren.
- Stoffwechselreaktionen können beschleunigt ablaufen, da die Wahrscheinlichkeit des Aufeinandertreffens von Substrat- und Enzymmolekülen in kleineren Reaktionsräumen erhöht wird.

Begründung der evolutionären Voraussetzung für Vielzelligkeit *(AFB III)*:
Die Kompartimentierung ermöglicht eine Spezialisierung von Zellen auf bestimmte Aufgaben (z. B. auf die Bildung von Verdauungsenzymen). Sie war daher eine Voraussetzung für die Entwicklung mehrzelliger Organismen mit arbeitsteilig differenzierten Zelltypen sowie für die Entstehung von Organen und Geweben.

2.3 Erläuterung des Aufbaus einer Biomembran *(AFB I)*:

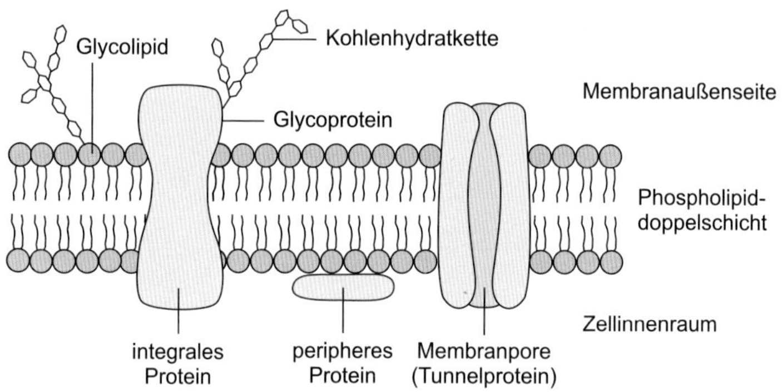

Die Biomembran ist eine (zäh)flüssige Lipiddoppelschicht mit mosaikartig auf- und eingelagerten Proteinen. Die Doppelschicht aus Membranlipiden kommt dadurch zustande, dass innerhalb wässriger Lösungen die hydrophilen Bereiche der Phospholipide in das umgebende wässrige Medium hineinragen, während sich die hydrophoben Fettsäureschwänze einander zuwenden. Periphere Proteine sind der Membran nur aufgelagert, integrale Proteine durchspannen die Membran. Tragen Proteine Kohlenhydratketten, spricht man von Glycoproteinen; sind Lipide mit Ketten aus Kohlenhydraten besetzt, von Glycolipiden.

TIPP Optional könnten Sie an dieser Stelle auch auf die durch den Bau der Biomembran bedingten Eigenschaften (Selektivität, Abgrenzung, Erkennung) eingehen.

Begründung der Oberflächenunterschiede *(AFB III)*:
In wässrigen Lösungen, wie sie in der Zelle und in ihrem Außenmedium vorliegen, bilden Phospholipide wie beschrieben und skizziert eine Doppelschicht. Werden die Phospholipide jedoch isoliert und auf eine Wasseroberfläche gebracht, ordnen sie sich nur in einer einfachen Schicht an. Dies liegt daran, dass die hydrophilen Bereiche der Phospholipide ins Wasser hineinragen, während sich die hydrophoben Bereiche vom Wasser ab- und der Luft zugewandt anordnen. Somit entsteht auf dem Wasser eine (einschichtige) Phospholipidfläche, die doppelt so groß ist wie die durch die Phospholipiddoppelschicht gebildete Oberfläche der roten Blutkörperchen.

2.4 Unterscheidung aktiver und passiver Transportprozesse *(AFB I)*:
- Unter aktivem Transport versteht man den Transport von Stoffen unter Energieverbrauch (ATP) entgegen einem Konzentrationsgefälle durch Carrierproteine.
  Beispiel: Natrium-Kalium-Pumpe in der Membran des Axons von Nervenzellen *(Antiport)*.
- Unter passivem Transport versteht man Transportmechanismen, die ohne Energieaufwand entlang eines Konzentrationsgefälles ablaufen (Diffusion). Diffusion durch eine selektiv permeable Membran wird als Osmose bezeichnet.
  Beispiele: (erleichterte) Diffusion von Kaliumionen durch Kaliumionenkanäle bei der Entstehung des Ruhepotenzials an einer Nervenzelle; Wassertransport durch „Wasserporen", sogenannte Aquaporine.

2.5 Vermutung zu möglichen Folgen für Pilzzellen *(AFB III)*:
Durch die winzigen Löcher verliert die Membran der Pilzzelle ihre Fähigkeit zur selektiven Permeabilität, wodurch zahlreiche Stoffe unkontrolliert in die Pilzzelle eindringen bzw. diese verlassen können. Hierdurch kann es zu Störungen des Stoffwechsels kommen, die zum Zelltod führen. Auch könnte die Zelle platzen, wenn sich in hypotonem Medium durch starken Wassereinstrom ein erhöhter Innendruck aufbaut.

1 Leben hängt von Wasser und von Makromolekülen auf Kohlenstoffbasis ab.

1.1 Wasser ist ein polares Molekül. **Erläutern** Sie diese chemische Eigenschaft von Wasser und **geben** Sie Beispiele für die Bedeutung dieser Eigenschaft für das Leben **an**.

1.2 **Nennen** Sie die vier Hauptklassen bioorganischer Makromoleküle und deren Funktionen für lebende Organismen.

2 Die meisten chemischen Reaktionen im Körper laufen nur unter enzymatischer Katalyse ab. Für die biologische Wirksamkeit von Proteinen ist dabei deren spezifische dreidimensionale Struktur verantwortlich.

2.1 Enzyme sind aus Aminosäuren aufgebaut. **Fertigen** Sie eine **beschriftete Skizze** der Strukturformel einer Aminosäure **an** und **erläutern** Sie, wie es zur Ausbildung von Peptidbindungen zwischen Molekülgruppen von Aminosäuren kommt.

2.2 **Nennen** und **beschreiben** Sie die Strukturebenen der Proteine.

2.3 **Erläutern** Sie die Wirkung eines Faktors, der zu einer Denaturierung der räumlichen Struktur von Proteinen führen kann.

2.4 **Erläutern** Sie anhand des Energiediagramms (Abb. 1) den Begriff des Biokatalysators.

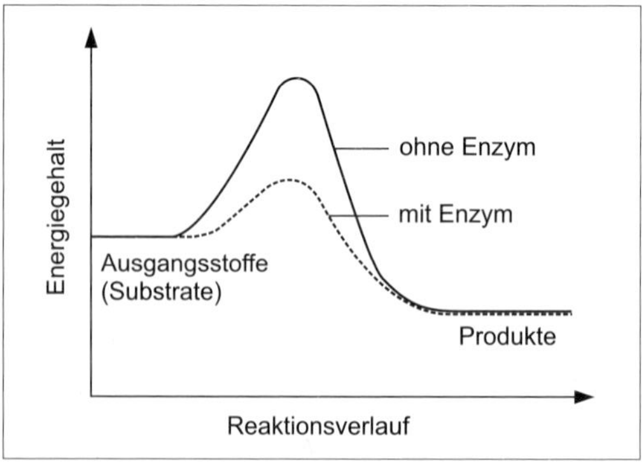

Abb. 1: Energiediagramm einer chemischen Reaktion

2.5 Das Enzym Maltase spaltet den Zweifachzucker Maltose in zwei Glucosemoleküle. **Erläutern** Sie anhand einer Abfolge beschrifteter Schemazeichnungen die allgemeine Wirkungsweise von Enzymen am Beispiel der Spaltung von Maltose durch Maltase.

2.6 Zahlreiche Antibiotika wirken auf Enzyme, darunter auch Sulfonamide. Sie verhindern die Produktion der für Bakterien lebensnotwendigen Folsäure, die für die Synthese von Nukleotiden essenziell ist, indem sie das Enzym Folatsynthetase hemmen. **Stellen** Sie anhand der abgebildeten Strukturformeln (Abb. 2) **eine Hypothese** über die Hemmwirkung der Sulfonamid-Antibiotika **auf**.

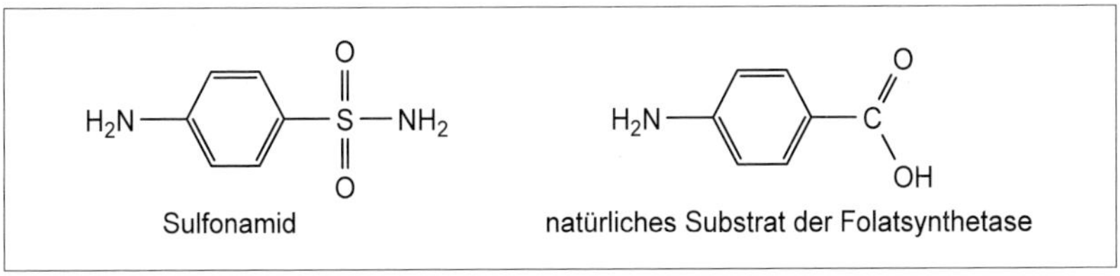

Abb. 2: Strukturformeln von Sulfonamid und des Substrats der Folatsynthetase

3 Im Jahr 1962 erhielten James WATSON und Francis CRICK den Nobelpreis für Physiologie oder Medizin für ihr räumliches Modell der DNA aus dem Jahr 1953, das bis heute die Grundlage der molekularen Genetik darstellt.

3.1 **Fertigen** Sie eine **beschriftete Schemazeichnung** vom Aufbau eines DNA-Abschnitts **an**, der zwei Nukleotidpaare umfasst. **Erläutern** Sie anhand Ihrer Skizze den grundlegenden Bau der DNA und **begründen** Sie, wie in dieser Struktur die Erbinformation codiert sein kann.

3.2 **Nennen** und **erklären** Sie kurz die Eigenschaften des genetischen Codes.

3.3 **Geben** Sie **an**, wie sich der Bau der DNA vom Bau der RNA unterscheidet.

3.4 **Erläutern** Sie im Detail die Schritte bei der Umsetzung der verschlüsselten Erbinformation in ein Protein anhand der Abbildung 3.

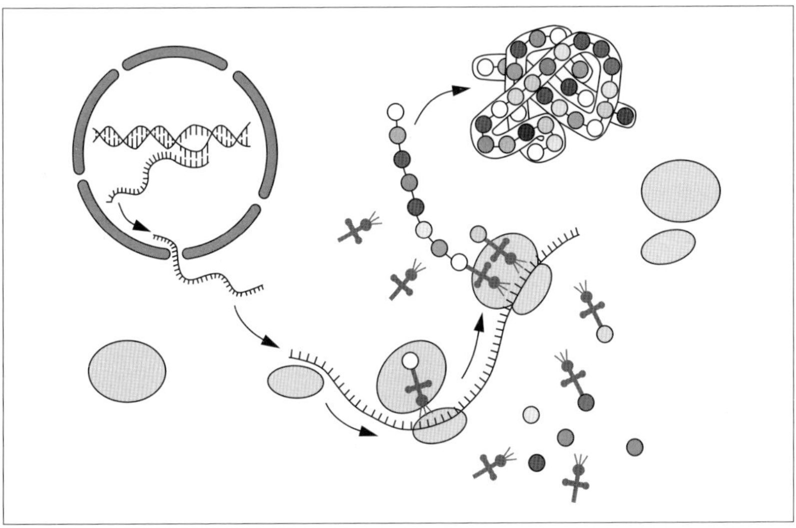

Abb. 3: Schematisch vereinfachte Darstellung der Proteinbiosynthese

4 Treten spontan oder induziert dauerhafte Veränderungen des genetischen Materials auf, spricht man von Mutationen.

4.1 Mutationen können gleichermaßen als „Fluch“ oder „Segen“ betrachtet werden. **Erläutern** Sie, was mit diesem Satz gemeint ist.

4.2 **Zeigen** Sie mithilfe der Codesonne (Abb. 4) anhand eines selbst gewählten DNA-Basentripletts mögliche Auswirkungen eines Basenaustauschs (Punktmutation) innerhalb eines codierenden DNA-Abschnitts auf die Aminosäuresequenz.

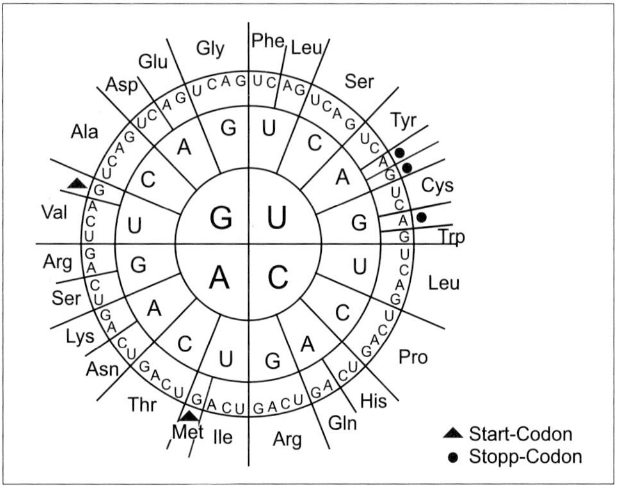

Abb. 4: Codesonne

4.3 **Diskutieren** Sie, ob der Einschub oder der Verlust einer Base im codierenden Bereich eines Gens schwerwiegendere Konsequenzen hat als der Austausch einer Base durch eine andere Base.

4.4 **Nennen** Sie mindestens zwei Mutagene, auf die Sie im Alltag regelmäßig oder häufig treffen.

Lösungsvorschlag

1.1 Erläuterung der Polarität von Wasser *(AFB I)*:
Wasser verfügt durch unterschiedliche Elektronegativitäten seiner Atome (Sauerstoff und Wasserstoff) über getrennte Ladungsschwerpunkte. Das Sauerstoffatom ist partiell negativ, die Wasserstoffatome sind partiell positiv geladen. Daher können sich Wasserstoffbrückenbindungen zu anderen Wassermolekülen oder anderen polaren Molekülen bilden.

Angabe von Beispielen für die Bedeutung dieser Eigenschaft *(AFB II)*:
- Wassertransport der Pflanzen gegen die Schwerkraft ist nur durch die Kohäsion der Wassermoleküle über Wasserstoffbrückenbindungen möglich.
- Ionische Verbindungen (z. B. Kochsalz) und Verbindungen aus polaren Molekülen (z. B. Zucker) sind aufgrund der polaren Eigenschaften von Wasser darin löslich und können so in wässrigen biologischen Lösungen wie zum Beispiel in Blut oder Pflanzensaft gelöst transportiert werden.
- In Wasser gelöste Stoffe dienen als Reaktionspartner für chemische Reaktionen.

1.2 Nennung der Hauptklassen bioorganischer Makromoleküle und ihrer Funktionen *(AFB I)*:
- Kohlenhydrate: Energielieferant für die Zellatmung (Glucose), Energiespeicher (z. B. Stärke, Glykogen), Bau- und Gerüstsubstanz (z. B. Cellulose, Chitin)
- Lipide (Fette): Energiespeicher, Baustoffe für Biomembranen (Phospholipide), Hormone (Steroide), Wärmeisolation
- Proteine (Eiweiße): Baustoffe (z. B. Keratin), Botenstoffe (z. B. Insulin) und Enzyme (z. B. Katalase), Fremdkörperabwehr (z. B. Antikörper), Transport (z. B. Hämoglobin), Stoffaustausch (z. B. Membranprotein)
- Nukleinsäuren: Speicher und Übermittler der genetischen Information

TIPP Es wird, je nach unterrichtlicher Besprechung, nicht die Aufzählung aller hier angeführten Funktionen von Ihnen erwartet.

2.1 Beschriftete Skizze der Strukturformel einer Aminosäure *(AFB I)*:

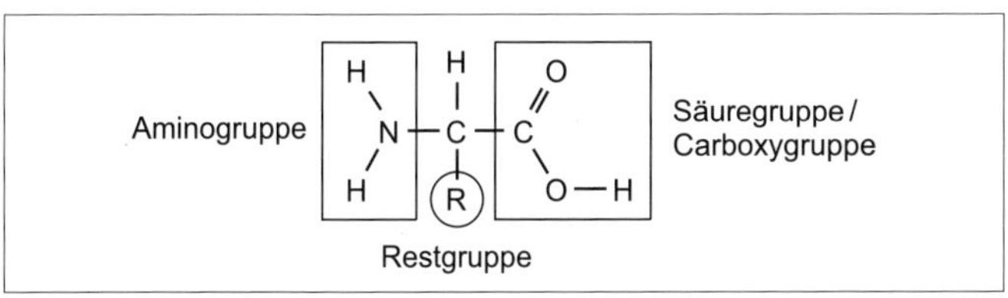

Erläuterung der Ausbildung einer Peptidbindung *(AFB I)*:
Unter Freisetzung von Wasser (Kondensationsreaktion) verbindet sich die Aminogruppe ($-NH_2$) der einen Aminosäure mit der Carboxygruppe ($-COOH$) der anderen (Peptidbindung).

2.2 Nennung und **Beschreibung** der Strukturebenen der Proteine *(AFB I)*:

Strukturebene	Beschreibung
Primärstruktur	Abfolge der Aminosäuren (Aminosäuresequenz)
Sekundärstruktur	lokale räumliche Strukturelemente in Form von α-Helices oder β-Faltblättern
Tertiärstruktur	dreidimensionale (funktionsbestimmende) Struktur (Konformation)

TIPP Die Nennung der Möglichkeit, dass sich zwei oder mehrere Polypeptidketten zu einem größeren, funktionellen Proteinmolekül zusammenlagern können (Quartärstruktur), wird nicht zwingend erwartet.
Falls Sie aus dem Unterricht auch die strukturstabilisierenden Wechselwirkungen und Bindungskräfte kennen, können Sie diese zusätzlich ansprechen: Peptidbindungen (Atombindungen) zwischen den Aminosäurebausteinen (Primärstruktur), Wasserstoffbrücken zwischen CO- und NH-Gruppen der Aminosäuren (Sekundärstruktur), sowie Disulfidbrücken (Atombindungen), Ionenbindungen, Wasserstoffbrückenbindungen und Van-der-Waals-Kräfte auf der Ebene der Tertiärstruktur.

2.3 Erläuterung der Wirkung eines denaturierenden Faktors *(AFB II)*:

- Eine Temperaturerhöhung führt dazu, dass sich schwache Bindungen (z. B. Wasserstoffbrücken) lösen. Dadurch geht die Tertiärstruktur des Proteins und damit auch seine Funktion verloren.
- Säuren und Basen bewirken eine Veränderung der Ladungsverhältnisse in den Aminosäureresten, die Protonen abgeben oder anlagern, sodass sich Bindungen auflösen oder neu bilden und die funktionelle Raumstruktur verloren geht.
- Schwermetallionen können durch Ausbildung von Komplexen mit Aminosäureresten die Proteinstruktur verändern und so die Proteinfunktion beeinträchtigen.

TIPP Nur die Erläuterung eines Faktors ist gefordert. Je nach unterrichtlicher Besprechung kann es sein, dass Sie mit dem Prinzip der Denaturierung nur wenig vertraut sind oder dass nur eine Nennung ohne Erläuterung der Wirkung verlangt werden kann.

2.4 Erläuterung des Begriffs des Biokatalysators *(AFB I)*:

Die meisten chemischen Reaktionen benötigen als „Anschub" (Aktivierungs-) Energie, um (schnell genug) ablaufen zu können. So auch die im Diagramm abgebildete exergonische (energiefreisetzende) Reaktion. Ohne enzymatische Katalyse ist ein hoher Aktivierungsenergiebetrag nötig. Die dafür erforderlichen hohen Temperaturen würden jedoch lebende Systeme zerstören. Enzyme sind Biokatalysatoren, die die Aktivierungsenergie herabsetzen, sodass chemische Reaktionen bereits in Temperaturbereichen ablaufen können, die lebende Systeme nicht schädigen.

TIPP In Bezug auf das Energiediagramm sind diese Ausführungen ausreichend. Der allgemeinen Definition eines Katalysators folgend können Sie jedoch hinzufügen, dass Enzyme als Biokatalysatoren unverbraucht und unverändert aus biochemischen Reaktionen hervorgehen. Enzyme können daher in kurzer Zeit zahlreiche Reaktionen katalysieren, sodass sie bereits in sehr geringen Konzentrationen eine große Wirkung entfalten.

2.5 Erläuterung der enzymatischen Wirkungsweise anhand von Schemata *(AFB I)*:

Die allgemeine Wirkungsweise von Enzymen beruht auf dem Schlüssel-Schloss-Prinzip. Das Substrat Maltose (Schlüssel) wird nur umgesetzt, wenn es aufgrund seiner räumlichen Struktur in das aktive Zentrum des Enzyms Maltase (Schloss) passt. Es bildet sich zunächst ein Enzym-Substrat-Komplex aus, das Substrat wird anschließend katalytisch umgesetzt und die Produkte (zwei Glucose-Einheiten) werden frei. Nun steht das Enzym wieder für weitere Reaktionen zur Verfügung.

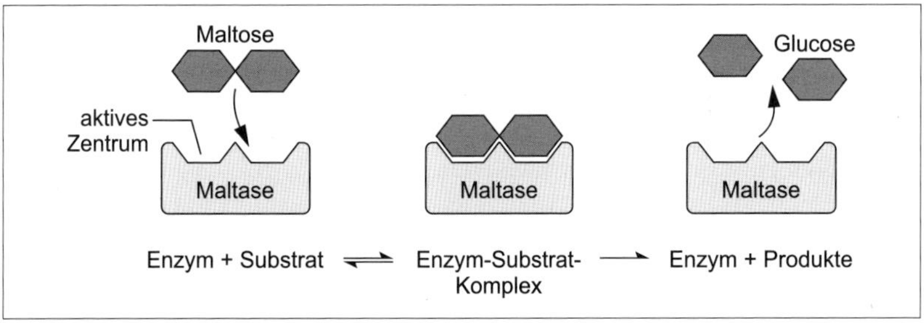

TIPP Zusätzlich könnten Sie an diesem Beispiel auch noch die Substrat- und Wirkungsspezifität erläutern:

- Substratspezifität: Maltase ist nur in der Lage, die Spaltung von Maltose zu katalysieren, nicht jedoch die Spaltung anderer Zweifachzucker, z. B. von Lactose (Milchzucker) oder Saccharose (Rohrzucker).
- Wirkungsspezifität: Maltase kann nur die Spaltung von Maltose in zwei Glucosemoleküle katalysieren, nicht jedoch andere chemische Veränderungen, z. B. die Verbindung von Maltosen zu Vielfachzuckern, bewirken.

2.6 Hypothese zur Wirkung von Sulfonamiden *(AFB III)*:
Ein Substrat passt strukturell in das aktive Zentrum seines Enzyms wie ein Schlüssel in sein Schloss (Schlüssel-Schloss-Prinzip), sodass im Allgemeinen auch nur diese Substrate gebunden und umgesetzt werden können (Substratspezifität). Da die Molekülstruktur von Sulfonamiden der Struktur des natürlichen Substrats der Folatsynthetase stark ähnelt, lässt sich vermuten, dass Sulfonamide als „falsche“ Substrate von der Folatsynthetase gebunden, aber nicht umgesetzt werden können. Dadurch kommt es zu dem beschriebenen Folsäuremangel.

TIPP Da Folsäure für die Synthese von Nukleotiden, den Grundbausteinen der DNA, notwendig ist, lässt sich weiterhin schließen, dass hierdurch die Bakterienvermehrung gehemmt wird, da die für die Kopie der Erbinformation notwendigen Grundbausteine fehlen (antibiotische Wirkung).

3.1 Beschriftete Schemazeichnung eines DNA-Abschnitts *(AFB I)*:

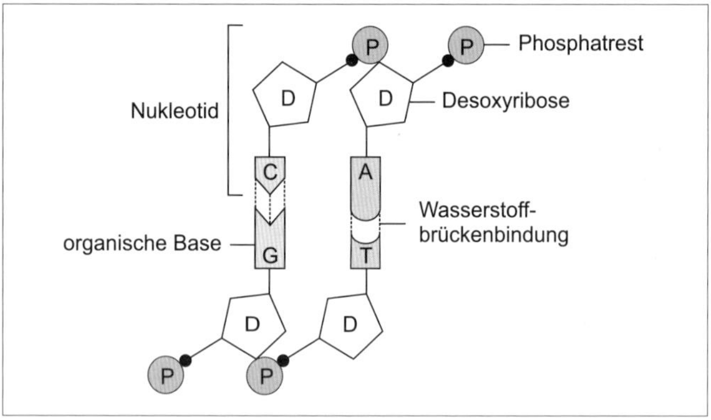

Erläuterung des grundlegenden Baus der DNA *(AFB I)*:
Die Grundbausteine der DNA (Desoxyribonukleinsäure) nennt man Nukleotide. Sie bestehen aus je einem Molekül Zucker, der Desoxyribose, einer der vier organischen Basen (Adenin, Guanin, Cytosin, Thymin) und einem Phosphatrest. Die einzelnen Nukleotide werden über den Phosphatrest und das Kohlenstoffatom 3 (C_3) der Desoxyribose zu den DNA-Einzelsträngen verbunden. Durch diese Art der Nukleotidverknüpfung ergibt sich eine Polarität der DNA-Einzelstränge mit unterscheidbaren 5'- und 3'-Enden (Phosphatrest am 5'-Ende).
Durch die Paarung komplementärer Basen lagern sich zwei DNA-Einzelstränge zum DNA-Doppelstrang zusammen. Die Anordnung der Einzelstränge erfolgt antiparallel, d. h. mit jeweils gegensätzlicher Polarität. Es lagern sich die komplementären Basen Adenin und Thymin (über zwei Wasserstoffbrückenbindungen) sowie Guanin und Cytosin (über drei Wasserstoffbrückenbindungen) zusammen. Es ergibt sich eine leiterartige Struktur mit einem Rückgrat bzw. den „Holmen“ aus verbundenen Desoxyribosen und Phosphatresten sowie den „Sprossen“ aus

den komplementären Basenpaaren. Dieser Doppelstrang ist schraubenartig zu einer Doppelhelix verwunden.

Begründung der Codierung der Erbinformation *(AFB II)*:
Die Erbinformation kann nicht im Zucker-Phosphat-Rückgrat verschlüsselt sein, da sich hier ja stets lediglich ein Zuckermolekül und eine Phosphatgruppe abwechseln. Sie muss daher in der variablen Abfolge der Basen codiert sein. Dabei bildet immer ein Basentriplett eine Informationseinheit, die für eine Aminosäure steht.

3.2 **Nennung** und **Erklärung** der Eigenschaften des genetischen Codes *(AFB I)*:
- universell: Der gleiche genetische Code gilt für (fast) alle Lebewesen.
- Triplett-Code: Jeweils drei Basen codieren eine Aminosäure.
- nicht überlappend: Jede Base ist nur Teil eines einzigen Tripletts.
- kommafrei: Es gibt keine Zäsuren oder Abgrenzungen zwischen einzelnen Tripletts.
- redundant: Mehrere Basentripletts codieren die gleiche Aminosäure.

3.3 **Angabe** der Unterschiede im Bau von DNA und RNA *(AFB II)*:
- Die DNA enthält den Zucker Desoxyribose, die RNA den Zucker Ribose.
- Die DNA enthält die Base Thymin, die RNA anstelle von Thymin die Base Uracil.
- DNA-Moleküle sind deutlicher länger als RNA-Moleküle.
- Die DNA ist ein doppelsträngiges Molekül, während die RNA überwiegend einzelsträngig vorliegt, wobei molekülinterne komplementäre Basenpaarungen vorkommen können (z. B. bei tRNA-Molekülen).

3.4 **Erläuterung** der Schritte der Proteinbiosynthese im Detail *(AFB I)*:
Die Transkription findet im Zellkern statt. Dabei wird ein Teil des codogenen DNA-Strangs in folgenden Schritten in ein mRNA-Molekül umgeschrieben:
- Die DNA-Helix wird (enzymatisch) lokal entwunden, indem sich Wasserstoffbrücken zwischen komplementären Basen lösen.
- Die RNA-Polymerase bindet (am Promotor eines Gens) an den codogenen Strang und katalysiert dann die Verknüpfung von RNA-Nukleotiden, die sich an die Basen des DNA-Strangs komplementär anlagern. Die mRNA wird in 5'→ 3'-Richtung synthetisiert.
- An einer Terminatorstelle endet die Transkription und die mRNA löst sich von der DNA.

Die gebildete mRNA gelangt über Kernporen ins Cytoplasma, wo an den Ribosomen die Translation abläuft. Dabei wird die Basensequenz des mRNA-Strangs nach folgendem Ablauf in eine Aminosäuresequenz übersetzt:
- Initiation: Die Ribosomenuntereinheiten (große und kleine Untereinheit) binden an die mRNA und lagern sich am Start-Codon (z. B. AUG) zu einem funktionsfähigen Ribosom zusammen. Ein tRNA-Molekül, beladen mit der Aminosäure Methionin, bindet über das passende Anticodon an das Start-Codon auf der mRNA.

- Elongation: Ein weiteres tRNA-Molekül, beladen mit einer weiteren Aminosäure, lagert sich über komplementäre Basenpaarung an das (in 5'→ 3'-Richtung) folgende Codon an. Durch eine Peptidbindung werden die beiden Aminosäuren enzymatisch miteinander verknüpft. Das Ribosom wandert in 5'→ 3'-Richtung um ein Basentriplett weiter und das erste, entladene tRNA-Molekül wird freigesetzt. Ein weiteres tRNA-Molekül lagert sich an der frei gewordenen Stelle an die mRNA an. Durch Wiederholung des Vorgangs entsteht eine Polypeptidkette.
- Termination: Am Stopp-Codon zerfällt das Ribosom, die Polypeptidkette wird freigesetzt und die Translation ist beendet.

Die Polypeptidkette faltet sich zu einem funktionsfähigen Protein mit spezifischer dreidimensionaler Struktur (Sekundär- und Tertiärstruktur).

4.1 **Erläuterung** des Satzes *(AFB II)*:
Einerseits sind gerade für den Menschen zahlreiche Mutationen Ursache schwerwiegender (Erb-)Krankheiten, andererseits ist das Auftreten von Mutationen auch eine Grundlage der genetischen Variabilität und damit wichtige Voraussetzung für die Anpassungsfähigkeit und Evolution der Organismen. Dem Menschen bietet sich dadurch die Möglichkeit der gezielten Pflanzen- und Tierzucht, die sowohl Chancen als auch Risiken birgt.

4.2 **Zeigen** möglicher Auswirkungen einer Punktmutation *(AFB II)*:

TIPP Mutationen ereignen sich auf der Ebene der DNA; somit sind, wie in der Aufgabenstellung genannt, DNA-Basentripletts anzugeben. Um anhand eines DNA-Basentripletts alle drei möglichen Auswirkungen einer Substitution aufzeigen zu können, bietet es sich an, in der Codesonne nach einem mRNA-Triplett zu suchen, bei dem der Austausch jeweils nur einer Base den Einbau einer anderen Aminosäure, den Einbau der gleichen Aminosäure oder die Entstehung eines Stopp-Codons bewirken kann. Die folgende Darstellung ist eine mögliche Lösung.

	Ausgangszustand	**stumme Mutation**	**Missense-Mutation**	**Nonsense-Mutation**
DNA	3'–ATG–5'	3'–ATA–5'	3'–AGG–5'	3'–ATT–5'
mRNA	5'–UAC–3'	5'–UAU–3'	5'–UCC–3'	5'–UAA–3'
Aminosäure	Tyrosin (Tyr)	Tyrosin (Tyr)	Serin (Ser)	–

Drei Auswirkungen auf die Aminosäuresequenz sind also denkbar: Die Translation wird durch Entstehung eines Stopp-Codons (Nonsense-Mutation) abgebrochen, eine falsche Aminosäure wird eingebaut (Missense-Mutation) oder die Mutation führt aufgrund der Redundanz des genetischen Codes zum Einbau der gleichen Aminosäure (stumme Mutation).

4.3 Diskussion der Konsequenzen verschiedener Mutationen *(AFB III)*:
Der Einschub oder Verlust einer Base (Rasterschubmutation) führt zu einer Verschiebung des Leserasters, sodass sich ab dem Einschub/Verlust alle folgenden Tripletts und damit bei der Translation auch die Aminosäuren des Proteins verändern. Diese Veränderung der Primärstruktur führt mit hoher Wahrscheinlichkeit auch zu einer veränderten Tertiärstruktur, sodass das betreffende Protein vermutlich funktionslos sein wird.
Beim Austausch einer Base (Substitution) kann neben einer stummen Mutation auch eine Missense-Mutation für die Funktionsfähigkeit des codierten Proteins folgenlos bleiben. Dies gilt, wenn bei der Translation entweder eine Aminosäure mit einem ähnlichen Aminosäurerest eingebaut wird, sodass keine Veränderung der Tertiärstruktur resultiert, oder wenn die Veränderung der Raumstruktur durch die falsch eingebaute Aminosäure lediglich einen funktionslosen Teilbereich des Gesamtproteins betrifft.
Somit scheint der Einschub oder der Verlust einer Base schwerwiegendere Konsequenzen nach sich zu ziehen als der Austausch einer Base durch eine andere, auch wenn eine Basensubstitution ebenfalls zur Funktionsveränderung oder zum Funktionsverlust des codierten Proteins führen kann (Missense- oder Nonsense-Mutation).

4.4 Nennung von Mutagenen *(AFB I)*:
- Teerstoffe im Tabak (Rauchen, passives Rauchen)
- Ultraviolette Strahlung (Sonnenlicht)
- Aflatoxine (Schimmelpilze)
- Nitrosamine (z. B. in gepökeltem Fleisch)
- Röntgenstrahlung (z. B. bei medizinischen Untersuchungen)
- Höhenstrahlung (z. B. bei Flugreisen, Aufenthalten im Hochgebirge)

1 Neurone empfangen Signale, verarbeiten sie, leiten sie weiter und übertragen sie auf andere Neurone und Erfolgsorgane.

1.1 **Fertigen** Sie eine **beschriftete Skizze** einer typischen Wirbeltier-Nervenzelle **an**.

1.2 **Ordnen** Sie die unter 1 genannten Funktionen anhand Ihrer Skizze den dafür zuständigen Zellstrukturen **zu. Erläutern** Sie hieran an einem Beispiel den Begriff des Struktur-Funktion-Zusammenhangs.

1.3 **Erläutern** Sie, wie Informationsverarbeitung prinzipiell bereits auf der zellulären Ebene eines jeden Neurons stattfindet.

2 Sticht man eine Mikroelektrode in das Riesenaxon eines Tintenfischs ein, das sich in einer physiologischen Kochsalzlösung (Natriumchloridlösung) befindet, kann man am unerregten Axon gegenüber dem Außenmedium eine Spannung messen.

2.1 **Fertigen** Sie eine **beschriftete Skizze** dieses Versuchsaufbaus **an**.

2.2 **Geben** Sie den ungefähren Zahlenwert der gemessenen Spannung **an** und **benennen** Sie diese.

2.3 **Erläutern** Sie, wie diese Spannung zustande kommt und aufrechterhalten werden kann.

2.4 **Begründen** Sie, welche Auswirkungen es auf das Ruhepotenzial hat, wenn man…
- ins Außenmedium eine Lösung mit K^+-Ionen hinzugibt.
- dem Außenmedium Sauerstoff entzieht.

3 Erregungen werden in Neuronen in Form von Aktionspotenzialen weitergeleitet.

3.1 **Erklären** Sie den Verlauf eines Aktionspotenzials anhand der in Abbildung 1 dargestellten Leitfähigkeitsveränderungen für Natrium- und Kaliumionen.

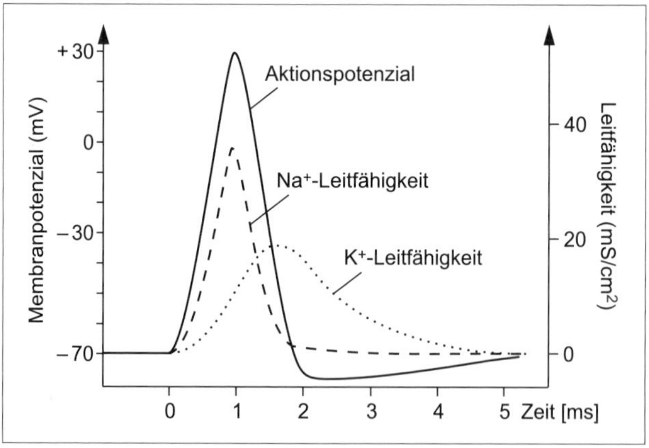

Abb. 1: Verlauf eines Aktionspotenzials

3.2 Einige tierische Gifte entfalten ihre tödliche Wirkung, indem sie spannungsgesteuerte Natriumionenkanäle in der Axonmembran beeinflussen. **Begründen** Sie, welche Auswirkungen dic folgenden Giftstoffe auf die Erregungsleitung haben und welche Symptome sie auslösen:

- Tetrodotoxin, das u. a. in Kugelfischen vorkommt, führt zu einer Blockade der spannungsgesteuerten Natriumionenkanäle.
- Ciguatoxine, die beim Verzehr von Speisefischen aufgenommen werden können, verursachen eine permanente Öffnung der spannungsgesteuerten Natriumionenkanäle.

3.3 **Begründen** Sie, weshalb im Verlauf eines Aktionspotenzials selbst nicht die Information über die Stärke und die Dauer eines einwirkenden Reizes codiert sein kann.

3.4 Bei der Erkrankung Multiple Sklerose (MS) werden durch das eigene Immunsystem die Myelinscheiden von Nervenzellen in Gehirn und Rückenmark zerstört. Bei Betroffenen können Koordinationsstörungen und Lähmungserscheinungen auftreten. **Begründen** Sie, wie es zu diesen Symptomen kommt.

4 An chemischen Synapsen werden Erregungen übertragen.

4.1 **Erstellen** Sie eine **beschriftete Skizze** einer chemischen Synapse, in der die für die Erregungsübertragung erforderlichen Strukturen dargestellt sind.

4.2 **Unterscheiden** Sie die Prozesse der Signalübertragung an einer erregenden und an einer hemmenden Synapse.

4.3 Viele Drogen und Giftstoffe greifen in den Vorgang der Erregungsübertragung ein. **Zeigen** Sie anhand Ihrer Skizze (aus 4.1) mögliche Angriffsstellen und **erklären** Sie die jeweiligen Folgen der Zugabe eines entsprechenden Giftstoffs für die Erregungsübertragung.

5 Informationen aus dem Körper und der Umwelt werden im Gehirn verarbeitet.

5.1 **Nennen** Sie unterschiedliche Umweltreize und die sie aufnehmenden Rezeptoren. **Definieren** Sie in diesem Zusammenhang den Begriff des Rezeptors.

5.2 **Identifizieren** Sie am Gehirn-Modell bzw. an der Skizze in Abbildung 2 das Groß-, das Zwischen- und das Kleinhirn und **nennen** Sie deren jeweilige Funktionen.

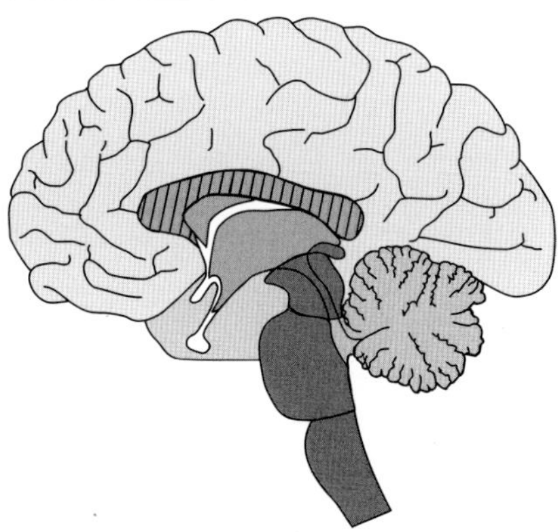

Abb. 2: Skizze eines Querschnitts durch das menschliche Gehirn

5.3 **Zeigen** Sie am Gehirn-Modell bzw. an der Skizze in Abbildung 2 einen biologischen Struktur-Funktion-Zusammenhang **auf**.

5.4 **Stellen** Sie eine **begründete Vermutung auf**, wie Klein- und Großhirn eines Reptils im Vergleich zum menschlichen Gehirn aussehen könnten.

Lösungsvorschlag

1.1 **Beschriftete Skizze** einer Wirbeltier-Nervenzelle *(AFB I)*:

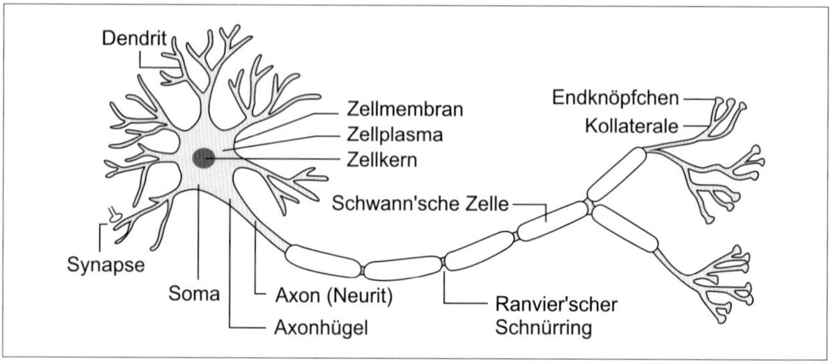

1.2 **Zuordnung** der Funktionen zu Zellstrukturen *(AFB I)*:

TIPP Verdeutlichen Sie hier anhand Ihrer Skizze, wo die betreffenden Strukturen liegen.

- Empfangen: Dendriten, Soma
- Verarbeiten: Soma, Axonhügel
- Weiterleiten: Axon
- Übertragen: synaptische Endknöpfchen

Erläuterung des Struktur-Funktion-Zusammenhangs *(AFB II)*:

Struktur	Funktion
feine Verästelung der Dendriten	große Oberfläche ermöglicht die Aufnahme einer großen Anzahl von Signalen anderer Nervenzellen über synaptische Kontakte
lang gestreckter Neurit	schnelle und materialsparende Weiterleitung elektrischer Signale über große Distanzen
von Schwann'schen Zellen umhülltes Axon	erhöhte Leitungsgeschwindigkeit aufgrund elektrisch isolierender Myelinscheide

synaptische Endknöpfchen	Verzweigung in viele Endknöpfchen ermöglicht Innervierung mehrerer Muskelfasern bzw. eine hohe Konnektivität zwischen Neuronen

1.3 Erläuterung der Informationsverarbeitung auf zellulärer Ebene *(AFB II)*:
Am Zellkörper eines Neurons werden über Synapsen Signale von zahlreichen anderen Nervenzellen (beim Menschen durchschnittlich ca. 1 000) empfangen. Über unterschiedliche Neurotransmitter bzw. Rezeptoren führen diese Signale entweder zu einem erregenden (depolarisierenden) oder einem hemmenden (hyperpolarisierenden) postsynaptischen Potenzial. Durch räumliche und zeitliche Summation kommt es an der postsynaptischen Membran zur Verrechnung, also einer Informationsverarbeitung der unterschiedlichen Signale bereits auf der Ebene einer jeden Nervenzelle.

2.1 Beschriftete Skizze des Versuchsaufbaus *(AFB I)*:

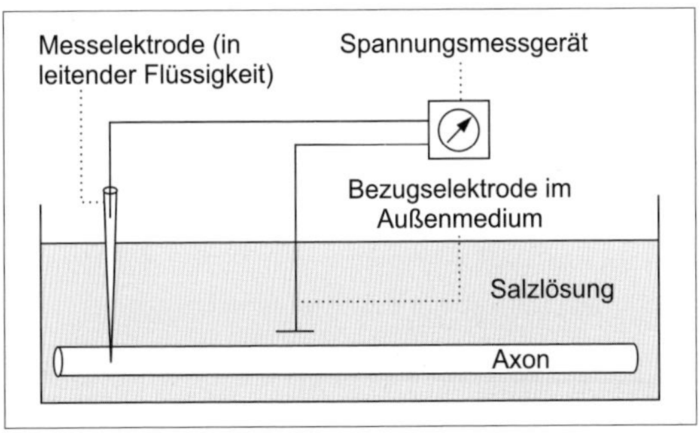

2.2 Angabe und **Benennung** des Spannungswerts *(AFB I)*:
Die Spannung beträgt etwa –70 bis –90 mV und wird als Ruhepotenzial bezeichnet.

2.3 Erläuterung der Entstehung und Aufrechterhaltung des Ruhepotenzials *(AFB I)*:
Die Entstehung des Ruhepotenzials beruht auf einer Ungleichverteilung verschiedener Ionensorten zu beiden Seiten der Zellmembran sowie auf der selektiven Permeabilität der Zellmembran für diese Ionenspezies:

- Extrazellulär liegen Natrium- und Chloridionen hoch und Kaliumionen niedrig konzentriert vor, im Zellinneren sind die Verhältnisse umgekehrt. Zudem befinden sich organische Anionen (negativ geladene größere Moleküle) im Zellinneren.
- Während Kaliumionen die Membran passieren können, ist sie für Natrium- und Chloridionen wenig durchlässig und für die organischen Anionen impermeabel. Entlang ihres Konzentrationsgefälles diffundieren daher vor allem Kaliumionen durch Ionenkanäle in der Membran nach außen. Dadurch entsteht ein

elektrischer Gradient, da die Membraninnenseite mit Austritt der positiv geladenen Ionen einen Überschuss negativer Ladungen aufweist. Es stellt sich ein Gleichgewichtszustand ein, bei dem der chemische und der elektrische Gradient, die für Kaliumionen in entgegengesetzter Richtung bestehen, gleich stark wirken, sodass der Nettostrom von Kaliumionen zum Erliegen kommt. Das Potenzial, das in diesem Zustand erreicht wird, ist das Ruhepotenzial.
- Da Natriumleckströme das Potenzial mit der Zeit aufheben würden, erfüllen Kalium-Natrium-Pumpen, Enzyme in der Zellmembran, eine wichtige Funktion: Zur Aufrechterhaltung der Konzentrationsverhältnisse transportieren sie aktiv (unter ATP-Verbrauch) entgegen dem jeweiligen Konzentrationsgefälle pro Zyklus 3 Natriumionen nach außen und 2 Kaliumionen ins Zellinnere.

2.4 Begründung der Auswirkungen *(AFB III)*:
- Zugabe von K^+-Ionen ins Außenmedium: Durch die Zugabe wird das Konzentrationsgefälle für K^+-Ionen über der Membran verringert oder aufgehoben. Wenn kein oder nur noch ein geringer chemischer Gradient für Kaliumionen besteht, kann sich kein oder nur ein geringes Potenzial über der Membran aufbauen.
- Entzug von Sauerstoff im Außenmedium: Sauerstoff wird in den Mitochondrien der Zellen als finaler Elektronenakzeptor (Atmungskette der Zellatmung) benötigt. Ist kein Sauerstoff mehr verfügbar, kann kaum noch ATP gebildet werden. Für Nervenzellen bedeutet das u. a., dass ATP-abhängige Natrium-Kalium-Pumpen ihre Funktion verlieren und das Ruhepotenzial durch den Leckstrom der Na^+-Ionen nicht mehr aufrechterhalten werden kann.

3.1 Erklärung des Verlaufs eines Aktionspotenzials *(AFB II)*:
- Aufgrund der zu Beginn stark ansteigenden Na^+-Ionenleitfähigkeit kommt es entlang des Konzentrationsgefälles zu einem Na^+-Ioneneinstrom. Dieser bewirkt eine Depolarisation der Membran bis zu einer Umpolung auf ca. +30 mV (Aufstrich des Aktionspotenzials bis zum Maximum).
- Ab diesem Zeitpunkt sinkt die Membranleitfähigkeit für Na^+-Ionen rasch ab und das Membranpotenzial erreicht wieder negative Werte (Abstrich des Aktionspotenzials). Verantwortlich dafür ist – neben der sinkenden Na^+-Ionenleitfähigkeit, die den weiteren Einstrom von Na^+-Ionen begrenzt – die zeitverzögert eintretende Erhöhung der K^+-Ionenleitfähigkeit. Dadurch kommt es zu einem verstärkten K^+-Ionenausstrom (gemäß Konzentrationsgefälle) und damit zu negativer werdenden Membranpotenzialwerten (Repolarisation).
- Da die Membranpermeabilität für K^+-Ionen nur langsam abnimmt, sinkt infolge des anhaltenden K^+-Ionenausstroms das Membranpotenzial unter den Wert des Ruhepotenzials (Hyperpolarisation).
- Nachdem die Membranleitfähigkeit von Na^+- und K^+-Ionen auf 0 mS/cm^2 zurückgekehrt ist, nähert sich das Membranpotenzial wieder dem Wert des Ruhepotenzials an.

3.2 Begründung der Auswirkungen und der Symptome *(AFB II)*:

- Tetrodotoxin: Werden die spannungsgesteuerten Natriumionenkanäle blockiert, können keine Aktionspotenziale mehr ausgelöst werden, da es bei einer Spannungsänderung nicht mehr zum schlagartigen Natriumioneneinstrom und zur Ladungsumkehr an der Membran kommt. Eine Weiterleitung von Signalen ist daher nicht mehr möglich und es tritt eine (schlaffe) Lähmung ein, die, z. B. die Atemmuskulatur betreffend, tödlich sein kann.
- Ciguatoxine: Bleiben die spannungsgesteuerten Natriumionenkanäle permanent geöffnet, kann es zu einer Dauererregung der Zelle kommen, die zu Krämpfen der Muskulatur und (starren) Lähmungserscheinungen führt. Langfristig können ebenfalls keine Aktionspotenziale mehr ausgelöst werden, da das Membranpotenzial nicht mehr zum Ruhepotenzial zurückkehren kann.

3.3 Begründung, weshalb der Aktionspotenzialverlauf nicht codierend ist *(AFB II)*:
Beim Aktionspotenzial (AP) handelt sich um ein Alles-oder-nichts-Signal, dessen Amplitude und zeitlicher Verlauf aufgrund der Membraneigenschaften immer identisch ist. Die Stärke und Dauer eines Reizes (oder einer Depolarisation) kann daher nicht im AP-Verlauf, sondern muss in der Frequenz von APs bzw. der Dauer einer AP-Sequenz codiert sein.

3.4 Begründung der MS-Symptome *(AFB II)*:
Myelinscheiden sind bei Wirbeltieren durch Gliazellen (Schwann'sche Zellen) gebildete Ummantelungen von Axonen. Diese Isolierung bewirkt, dass Aktionspotenziale mit höherer Geschwindigkeit fortgeleitet werden können als in unmyelinisierten Nervenfasern. Aktionspotenziale werden dann nur an kurzen Membranabschnitten (Ranvier'schen Schnürringen) zwischen Schwann'schen Zellen ausgelöst, da sich nur dort Ionenkanäle befinden. Zwischen diesen Schnürringen breitet sich das Potenzial sehr schnell elektrotonisch aus. Man spricht auch von saltatorischer Erregungsleitung. Werden Myelinscheiden zerstört, ist die Signalweiterleitung über die Axone beeinträchtigt und es kann zu den beschriebenen Symptomen kommen, z. B. wenn motorische Neurone betroffen sind.

4.1 Beschriftete Skizze einer chemischen Synapse *(AFB I)*:

> **TIPP** Beachten Sie, dass Sie bei dieser Aufgabenstellung nur die Strukturen darstellen sollen, nicht die Abläufe bei der Erregungsübertragung.
> Die Skizzierung der Acetylcholinesterase ist optional, da das Enzym für die unmittelbare Erregungsübertragung nicht notwendig ist. Überdies ist in der Aufgabenstellung unspezifisch von einer erregenden, nicht von einer cholinergen Synapse die Rede. An erregenden Synapsen im zentralen Nervensystem (ZNS) ist z. B. Glutamat der häufigste Transmitter.

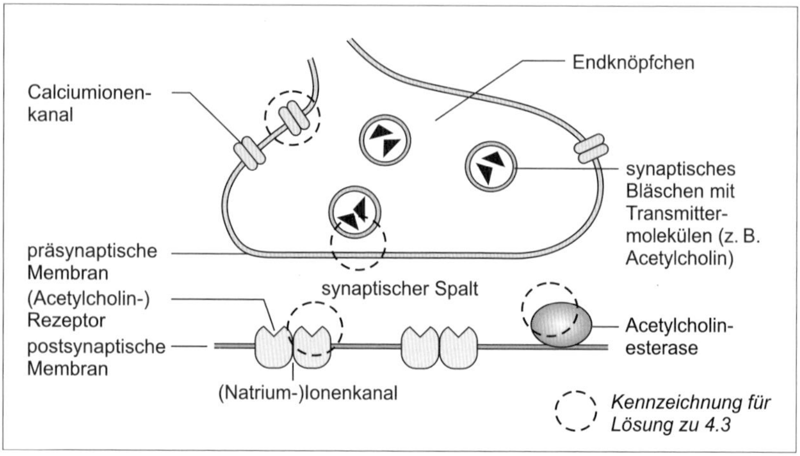

4.2 **Unterschiede** in der Signalübertragung an einer erregenden und einer hemmenden Synapse *(AFB I)*:

erregende Synapse	hemmende Synapse
freigesetzte Transmittermoleküle bewirken Öffnung von Na^+-Ionenkanälen	freigesetzte Transmittermoleküle bewirken Öffnung von Cl^--Ionen- oder K^+-Ionenkanälen
Bindung der Transmitter an Rezeptoren von Ionenkanälen führt zu Na^+-Ioneneinstrom in die postsynaptische Zelle	Bindung der Transmitter an Rezeptoren von Ionenkanälen führt zu Cl^--Ioneneinstrom in die postsynaptische Zelle oder zu K^+-Ionenausstrom aus der postsynaptischen Zelle
Depolarisation der postsynaptischen Membran → erregendes (exzitatorisches) postsynaptisches Potenzial (EPSP)	Hyperpolarisation der postsynaptischen Membran → hemmendes (inhibitorisches) postsynaptisches Potenzial (IPSP)

4.3 **Zeigen** der Angriffsstellen *(AFB II)*:
Siehe Kennzeichnung in der Skizze zu 4.1

Erklärung der Folgen für die Erregungsübertragung *(AFB II)*:

- Blockade der Calciumionenkanäle: Erreicht ein Aktionspotenzial das Endknöpfchen, strömen keine Calciumionen ein. Die transmittergefüllten Vesikel verschmelzen daher nicht mit der Membran und es kommt nicht zur Erregungsübertragung.
- Hemmung der Vesikelausschüttung: Die transmittergefüllten Vesikel verschmelzen nicht mit der Membran und die Erregungsübertragung unterbleibt.

- Blockade der Acetylcholinesterase (bei cholinergen Synapsen, z. B. neuromuskuläre Synapse): Der Transmitter Acetylcholin wird im synaptischen Spalt nicht abgebaut, sodass die Erregungsübertragung länger anhält.
- Aktivierung postsynaptischer Rezeptoren: Durch Bindung des Giftstoffs an ligandengesteuerte Ionenkanäle in der postsynaptischen Membran öffnen sich diese Ionenkanäle und es kommt zu einer Erregungsübertragung.
- Blockade postsynaptischer Rezeptoren: Die Bindung des Giftstoffs an ligandengesteuerte Ionenkanäle in der postsynaptischen Membran bewirkt deren Inaktivierung, sodass die Erregungsübertragung unterbleibt.

5.1 **Nennung** von Umweltreizen und der sie aufnehmenden Rezeptoren *(AFB I)*:

- visuelle Reize / Licht: Fotorezeptoren
- akustische Reize / Schall: Mechanorezeptoren
- olfaktorische Reize / Duftstoffe: Chemorezeptoren
- gustatorische Reize / Geschmacksstoffe: Chemorezeptoren
- taktile Reize / Berührungen: Mechanorezeptoren
- thermische Reize / Temperatur: Thermorezeptoren

Definition eines Rezeptors *(AFB I)*:

> **TIPP** Der Begriff Rezeptor wird sowohl für Sinneszellen (Rezeptorzellen) als auch für die eigentlich reizaufnehmenden Moleküle, die Rezeptorproteine, verwendet. Mit beiden Definitionen liegen Sie also richtig. Um eine klare Unterscheidung zu gewährleisten, könnte man Sinneszellen treffender als Sensoren bezeichnen.

- Eine Rezeptorzelle ist eine Sinneszelle, die Umweltreize aufnimmt, filtert und (analog zu ihrer Stärke) in elektrische Signale umwandelt. Rezeptoren reagieren nur auf adäquate Reize und wandeln physikalische oder chemische Reize in ein Rezeptorpotenzial um.
- Ein Rezeptor ist ein in die Membran von Sinneszellen eingelagertes Protein, das von einer bestimmten Reizart (s. o.) aktiviert wird. Entweder direkt oder indirekt (über einen second messenger) führt dies zu einer Öffnung oder zu einem Schließen von Ionenkanälen und infolgedessen zu einer Veränderung des Rezeptorpotenzials.

5.2 **Identifizierung** der Gehirnstrukturen *(AFB II)*:

> **TIPP** Nur die Identifizierung von Groß-, Zwischen- und Kleinhirn ist in der Fragestellung verlangt, aber Sie können natürlich auch noch weitere Strukturen ansprechen oder ggf. stärker differenzieren.

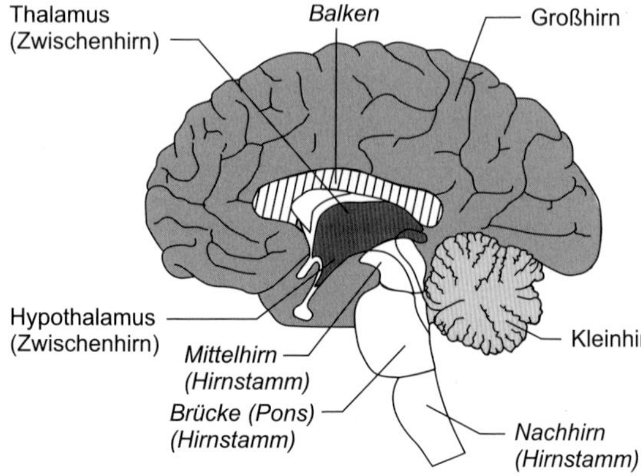

Nennung der Funktionen der Strukturen *(AFB I)*:

- Großhirn: Verarbeitung der von den Sinnesorganen eingehenden Informationen in sensorischen Rindenfeldern, Steuerung von (komplexen) Willkürbewegungen in motorischen Rindenfeldern, Realisierung höherer kognitiver Fähigkeiten wie Lernen, Planen und Erinnern.
- Zwischenhirn: Der Thalamus ist eine Umschaltstelle für afferente Nervenbahnen auf entsprechende Bahnen zum Großhirn und für viele Verbindungen zwischen Gehirnarealen. Der Hypothalamus wirkt als Steuerzentrum des vegetativen Nervensystems und des Hormonsystems und ist für die Aufrechterhaltung eines konstanten inneren Milieus verantwortlich.
- Kleinhirn: Koordination der von den motorischen Rindenfeldern initiierten Bewegungen und der Körperhaltung.

> **TIPP** Ergänzend könnten Sie noch den Hirnstamm und dessen lebensnotwendige Funktion (Steuerung von Atmung, Herzschlag und Blutdruck sowie lebenswichtiger Reflexe wie Schlucken, Husten und Erbrechen) ansprechen.

5.3 **Aufzeigen** eines Struktur-Funktion-Zusammenhangs *(AFB II)*:

Struktur	**Funktion**
starke Faltung der Großhirnrinde sowie des Kleinhirns	große Oberfläche für viele Nervenzellen (genauer: Nervenzellkörper)
Verbindung der beiden Großhirnhälften über den Balken	Informationsaustausch und Koordination der beiden Hemisphären

5.4 Begründete Vermutung zur Struktur des Reptiliengehirns *(AFB III)*:

> **TIPP** Für die Beantwortung dieser Frage sollen Sie mithilfe Ihres biologischen Fachwissens eine begründete Vermutung (Hypothese) aufstellen. Hierbei gilt es, folgende Kenntnisse aus dem Unterricht zu berücksichtigen:
> - Säugetiere und Reptilien gehören zum Unterstamm der Wirbeltiere und weisen homologe Hirnstrukturen auf, die man vergleichen kann; wobei das Großhirn das Korrelations- und Assoziationszentrum und das Kleinhirn das Zentrum für die Bewegungskoordination darstellt.
> - Die Gruppe der Reptilien ist stammesgeschichtlich älter als die der Säugetiere.
> - Die Vertreter der Gruppe der Reptilien (lat. *reptilis*, kriechend) bewegen sich vornehmlich nah am Boden fort.

- Reptilien haben vermutlich ein kleineres und weniger stark gefaltetes Großhirn als der Mensch, der das kognitiv am höchsten entwickelte Säugetier ist.
- Da sich die Vertreter der Gruppe der Reptilien („Kriechtiere") vornehmlich am Boden kriechend fortbewegen, ist zu vermuten, dass ihr Kleinhirn als Zentrum der Bewegungskoordination ebenfalls kleiner und weniger gefaltet ist als das Kleinhirn des Menschen, der über eine hervorragende Bewegungssteuerung im dreidimensionalen Raum verfügen muss.

1 Für die Rekonstruktion stammesgeschichtlicher Verwandtschaftsbeziehungen ist es grundlegend, evolutiv neu erworbene Merkmale, sogenannte Apomorphien (abgeleitete Merkmale), zu identifizieren. Diese bilden die Basis, auf der sich systematische Einheiten bestimmen und Stammbäume wie derjenige der Säugetiere (Mammalia) in Abbildung 1 erstellen lassen.

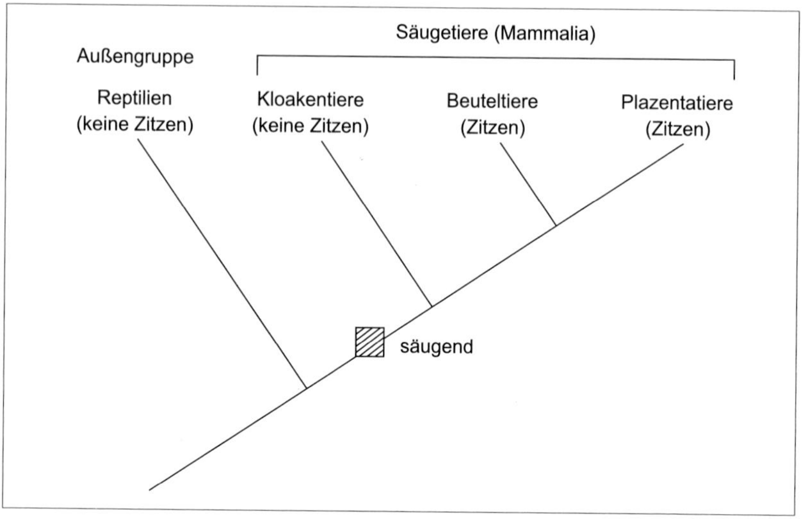

Abb. 1: Kladogramm (Stammbaum der phylogenetischen Systematik) der Säugetiere

1.1 **Nennen** Sie die übrigen Klassen der Wirbeltiere, die nicht im Kladogramm (Abb. 1) aufgeführt sind.

1.2 **Nennen** Sie mindestens ein weiteres evolutiv neu erworbenes Merkmal (schraffiertes Kästchen in Abbildung 1), das die Gruppe der Säugetiere (Mammalia) als systematische Einheit (Klade) kennzeichnet.

1.3 **Tragen** Sie die Merkmale „keine Zitzen“ und „Zitzen“ als Kästchen in den Stammbaum **ein** und **begründen** Sie unter Verwendung der Begriffe „ursprüngliches Merkmal“ und „neu erworbenes Merkmal“ Ihre Zuordnung.

1.4 Das Schnabeltier als rezenten Vertreter der Gruppe der Kloakentiere bezeichnet man als Mosaik- oder Brückenform. **Erläutern** Sie, was damit gemeint ist.

2 Der hauptsächlich in Afrika beheimatete Gepard – eine kleine Population von geschätzt weniger als 100 Tieren lebt im Iran – ist das schnellste Landtier der Erde. Kurzzeitig erreichen die zu den Katzen (Felidae) gehörenden Jäger eine Geschwindigkeit von bis zu 100 km/h. Hierzu sind sie durch ihre langen Beine, den sehr schlanken Körper sowie eine extrem flexible Wirbelsäule bestens angepasst (Abb. 2).

Abb. 2: Gepard *(Acinonyx jubatus)*

2.1 **Erläutern** Sie, wie sich bei den Vorfahren der Geparde die Fähigkeit des schnellen Laufens im Sinne der Evolutionstheorie von LAMARCK entwickelt haben könnte. **Stellen** Sie **dar**, was man LAMARCK aus heutiger evolutionsbiologischer Sicht entgegenhalten würde.

2.2 **Erläutern** Sie, wie DARWIN die Evolution des Gepards zum schnellen Jäger erklären würde.

2.3 **Begründen** Sie, weshalb die Population der Geparde im Iran evolutionsbiologisch betrachtet vom Aussterben bedroht ist.

3 Evolution bedeutet Veränderlichkeit der Arten. Die Entstehung neuer Merkmale sowie von Arten lässt sich mit den Evolutionsfaktoren Mutation, Rekombination, Selektion, Isolation und Gendrift erläutern.

3.1 **Zeigen** Sie an einem selbst gewählten Beispiel, dass sich Arten veränderten bzw. verändern.

3.2 **Erläutern** Sie kurz die genannten Evolutionsfaktoren und deren Bedeutung für die Evolution.

3.3 **Erläutern** Sie eine typische Angepasstheit, durch die potenzielle Beutetiere ihren Fressfeinden (biotischer Selektionsfaktor) entgehen können.

4 Homologien und Analogien geben Forscher*innen wichtige Hinweise auf Evolutionsprozesse.

4.1 **Definieren** Sie die Begriffe Homologie und Analogie und **erläutern** Sie deren Aussagewert für Evolutionsbiolog*innen.

4.2 **Begründen** Sie, ob es sich bei den Vorderextremitäten von Pinguin und Delfin (Abb. 3) um homologe und/oder um analoge Strukturen handelt.

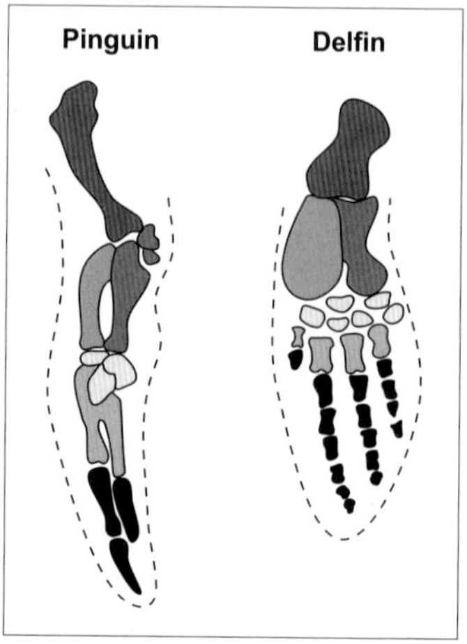

Abb. 3: Schematische Darstellung der Vorderextremität von Pinguin und Delfin

5 Der Mensch bildet mit seinen nächsten Verwandten, den Schimpansen, Gorillas und Orang-Utans, die Familie der Hominiden (Menschenaffen).

5.1 **Nennen** Sie anatomische Merkmale, die der Mensch und die anderen Menschenaffen gemeinsam haben, sowie solche Merkmale, die beide Gruppen voneinander unterscheiden.

5.2 **Erläutern** Sie kurz die biologischen und kulturell-sozialen Faktoren der Menschwerdung.

5.3 In den Medien kursieren zahlreiche Abbildungen zum Ablauf der Humanevolution, die der folgenden grafischen Darstellung ähneln.

Abb. 4: Populäre Darstellung der Humanevolution
© M. Garde/Wikimedia; CC BY-SA 3.0

Nehmen Sie kritisch **Stellung** zur Darstellung der Humanevolution in Abbildung 4.

Lösungsvorschlag

1.1 **Nennung** der übrigen Wirbeltierklassen *(AFB I)*:
- Fische
- Amphibien
- Vögel

1.2 **Nennung** weiterer evolutiv neu erworbener Merkmale der Säugetiere *(AFB I)*:
- Haare
- Milchdrüsen
- konstante Körpertemperatur (konvergent auch bei Vögeln entstanden)

1.3 **Eintragen** der Merkmale in den Stammbaum *(AFB II)*:

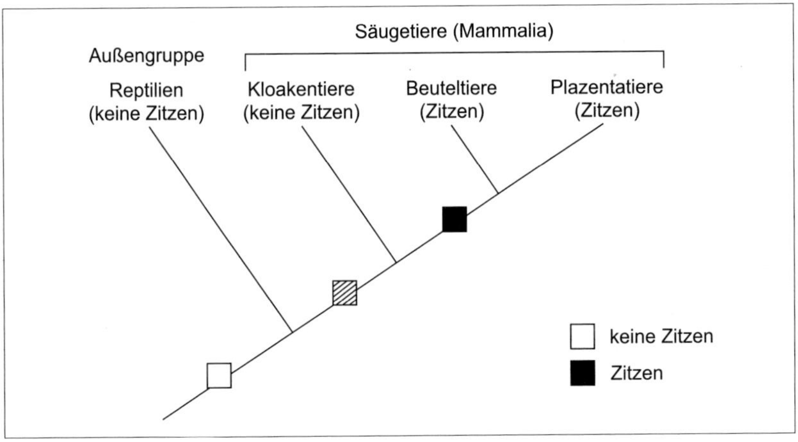

Begründung der Zuordnung *(AFB III)*:

> **TIPP** Um zu entscheiden, ob ein Merkmal, das innerhalb einer systematischen Einheit vorkommt, ein ursprüngliches *(plesiomorphes)* oder ein abgeleitetes *(apomorphes)*, also neu erworbenes Merkmal ist, bietet sich ein sogenannter Außengruppenvergleich an. Dabei ist i. d. R. ein Merkmal, das bereits bei der Außengruppe zu finden ist, ein ursprüngliches Merkmal.

Da die Vertreter der Klasse der Reptilien (Außengruppe) nichtsäugend sind und keine Zitzen besitzen, stellt dieser Zustand das ursprüngliche *(plesiomorphe)* Merkmal dar. Das Merkmal „Zitzen“ der Taxa der Beutel- und Plazentatiere scheint dagegen ein evolutiver Neuerwerb *(Apomorphie)* eines gemeinsamen Vorfahrens dieser beiden Gruppen innerhalb der Säugetiere gewesen zu sein. Darüber hinaus könnte man schließen, dass aufgrund dieses gemeinsamen abgeleiteten

Merkmals *(Synapomorphie)* Beutel- und Plazentatiere eine eigene systematische Gruppe *(Klade)* innerhalb des Taxons der Säugetiere bilden.

TIPP Prinzipiell wäre es auch denkbar, dass bereits der gemeinsame Vorfahr aller Säugetiere Zitzen besaß. Das Merkmal „Zitzen" wäre dann in der Entwicklungslinie der Kloakentiere verloren gegangen. Dies ist allerdings unwahrscheinlicher, da es dem Prinzip der sparsamsten Erklärung widerspricht.

1.4 **Erläuterung** der Bedeutung von Mosaik- oder Brückenform *(AFB II)*:
Mosaikformen bezeichnen Organismen, die sowohl Merkmale stammesgeschichtlich älterer als auch Merkmale stammesgeschichtlich jüngerer systematischer Gruppen aufweisen. Sie stellen ein Bindeglied (Brückenform) zwischen zwei Verwandtschaftsgruppen dar. Das Schnabeltier ist in diesem Sinne eine rezente Brückenform zwischen den systematischen Großgruppen der Reptilien und der Säugetiere und weist Merkmale beider Gruppen auf:

- Reptilienmerkmale: eierlegend und nur mit einer Körperöffnung (Kloake), die gleichzeitig Ausscheidungs- und Geschlechtsöffnung ist
- Säugermerkmale: Milchdrüsen (säugt Junge), eine konstante Körpertemperatur und ein Fell (Haare)

2.1 **Erläuterung** der Entwicklung der Schnelligkeit nach LAMARCK *(AFB II)*:

A Umweltänderung: Die Vorfahren der heutigen Geparde waren ursprünglich relativ langsame Jäger und erbeuteten langsame Tiere. Durch Umweltveränderungen (z. B. Klimaänderung) nahm die Zahl der langsamen Beutetiere stark ab, sodass es fast nur noch Beutetiere mit hoher Fluchtgeschwindigkeit gab.

B Vervollkommnungstrieb: Bei den Vorfahren der Geparde entstand ein „inneres Bedürfnis", schneller laufen zu können bzw. einen für hohe Geschwindigkeiten ausgelegten Körper zu entwickeln, um die schnelleren Beutetiere erfolgreich verfolgen zu können.

C Vervollkommnung der Organe: Der ständige Gebrauch der Beine und das Training der entsprechenden Muskeln führten dazu, dass sich längere Beine und ein schlanker Körper entwickelten.

D Vererbung: Die neu erworbenen Eigenschaften wurden auf die Nachkommen vererbt.

Es fand somit eine aktive Anpassung an die neuen Umweltbedingungen statt.

Darstellung der Kritik an LAMARCK *(AFB II, III)*:
Ständiger Gebrauch der Beine führt nicht zu längeren Beinen, da das Längenwachstum i. A. und somit auch die Länge von Röhrenknochen stark genetisch determiniert ist. Training der Muskeln hingegen kann *(durch Hypertrophie bzw. Hyperplasie)* tatsächlich zu einem muskulöseren Körper führen. Hierbei handelt es sich jedoch um durch Umweltfaktoren hervorgerufene phänotypische Veränderungen innerhalb der genetischen Reaktionsnorm *(Modifikationen)*, die aber keine genetischen Veränderungen (wie z. B. Mutationen) hervorrufen. Da sich diese

phänotypischen Veränderungen nicht in einer veränderten Basensequenz der DNA manifestieren, sind sie auch nicht an die Nachkommen vererbbar.

> **TIPP** Tatsächlich kann es aufgrund von Umweltfaktoren zu einer (epigenetischen) Beeinflussung der Aktivität von Genen kommen, die an die nächste Generation weitergegeben wird. Dabei handelt es sich jedoch nicht um eine Veränderung der Basensequenz, sondern um anderweitige chemische Veränderungen des DNA-Moleküls bzw. des Chromatins, z. B. durch Methylierung.

2.2 **Erläuterung** der Entwicklung der Schnelligkeit nach DARWIN *(AFB II)*:

A Überproduktion von Nachkommen: Die Vorfahren der heutigen Geparde produzierten viel mehr Nachkommen, als zur Erhaltung der Art notwendig waren.

B Erbliche Variabilität: Unter diesen Nachkommen bestanden Merkmalsunterschiede bezüglich der Fähigkeit zu schneller Fortbewegung (z. B. Beinlänge, Muskulatur), die zu einem Großteil erblich waren.

C Umweltänderung: Durch sich ändernde Umweltbedingungen (z. B. Klimaänderung) ging die Zahl langsamer Beutetiere stark zurück, sodass es schließlich fast nur noch Beutetiere mit hoher Fluchtgeschwindigkeit gab.

D Natürliche Selektion: Im Überlebens-/Konkurrenzkampf (struggle for life) hatten diejenigen Varianten unter den Nachkommen, die an die neuen Bedingungen am besten angepasst waren, also z. B. einen schlankeren Körper und längere Beine besaßen, den größten Jagderfolg und konnten die höchste Zahl an Jungtieren aufziehen.

E Vererbung der Merkmale: Diese Nachkommen erbten die unter diesen Umweltbedingungen günstigen Merkmale von ihren Eltern und gaben sie ihrerseits an ihre Nachkommen weiter, sodass sich schließlich der bestangepasste Körperbau durchsetzte.

Es fand ein passiver Artwandel durch Selektion statt.

2.3 **Begründung** der Gefährdung der Gepardenpopulation *(AFB III)*:

Die Population der Geparde im Iran ist geografisch von den afrikanischen Populationen isoliert, sodass es zu keinem Genfluss, d. h. zu keinem genetischen Austausch zwischen Individuen der Population im Iran und Individuen afrikanischer Populationen kommen kann. Da die Population im Iran zudem nur sehr wenige Individuen umfasst, ist die Gesamtheit aller Allele, d. h. der Genpool der Population, sehr klein, wodurch das Risiko steigt, dass rezessive Mutationen mit nachteiliger Auswirkung homozygot auftreten, phänotypisch zur Ausprägung kommen und damit zu einer erhöhten Sterblichkeit beitragen. Außerdem vermindert die geringe genetische Variabilität in der Population die Möglichkeiten, sich bei Umweltveränderungen (z. B. Veränderungen des Lebensraums oder der Beutetierbestände) an die neuen Umweltfaktoren anzupassen.

3.1 Zeigen der Veränderung von Arten *(AFB II)*:

TIPP Je nachdem, welche Beispiele im Unterricht behandelt wurden, können Sie hier z. B. die folgenden Aspekte anführen:

- Stammesgeschichtliche Reihen von Fossilien: Anhand von Fossilien lassen sich stammesgeschichtliche Entwicklungen einer Gruppe anhand schrittweiser Merkmalsveränderungen nachvollziehen (z. B. evolutionäre Trends im Stammbaum der Pferde: zunehmende Körpergröße, Vergrößerung der Backenzähne, Zunahme der Schmelzkanten, Verringerung der Finger- und Zehenzahl).
- Fossile Brückenformen: Mithilfe von Brückenformen wird die Entstehung einer Verwandtschaftsgruppe aus einer anderen erkennbar, da sowohl Merkmale stammesgeschichtlich älterer als auch Merkmale stammesgeschichtlich jüngerer Gruppen nachweisbar sind (z. B. *Archaeopteryx* als Brückenform zwischen Reptilien und Vögeln, *Ichthyostega* oder *Tiktaalik* als Brückenformen zwischen Fischen und Amphibien).
- Übergangsformen homologer Strukturen: Beispielsweise lässt sich die Entwicklung der Gehörknöchelchen der Säugetiere (Hammer, Amboss, Steigbügel) aus Schädel- und Kieferknochen der Fische über Zwischenstufen bei Amphibien und Reptilien nachvollziehen.
- Industriemelanismus des Birkenspanners: Zu einer veränderten Pigmentierung der Nachtfalter kam es (selektionsbedingt) nach einer durch die Industrialisierung Ende des 19. Jahrhunderts ausgelösten Verfärbung der Birkenrinden in den Industriegebieten Englands.

3.2 Erläuterung der Evolutionsfaktoren *(AFB II)*:

- Mutation: Mutationen der DNA sind zufällig und ungerichtet. Sie erweitern den Genpool, wirken sich aber in den meisten Fällen nachteilig auf den Organismus aus. In seltenen Fällen stellen sie einen Vorteil für den Organismus dar.
- Rekombination: Bei Organismen, die sich sexuell fortpflanzen, findet die Rekombination während der Keimzellenbildung statt. Die zufällige Verteilung der väterlichen und mütterlichen Chromosomen auf die Keimzellen, Crossing-over-Ereignisse und ein zufälliges Zusammentreffen der Keimzellen bei der Befruchtung ermöglichen die Bildung neuer Genotypen aus dem bestehenden Genpool.
- Selektion: Selektion meint die Auslese von Individuen einer infolge von Mutation und Rekombination merkmalsvariablen Population durch biotische oder abiotische Faktoren. Demnach haben Individuen mit bestimmten genetisch bedingten Merkmalen einen höheren Fortpflanzungserfolg als andere.
- Isolation: Durch die Isolation wird der Genfluss innerhalb einer Population unterbrochen. Hierdurch entstehen Teilpopulationen, die sich unabhängig voneinander entwickeln. Teilweise wirken auf sie unterschiedliche biotische und abiotische Faktoren. Über lange Zeiträume kann es so zur Artaufspaltung kommen.

- Genetische Drift: Bei der genetischen Drift wird der Genpool durch ein zufälliges Ereignis verändert, meist unter Reduktion der genetischen Vielfalt. Typische Ereignisse sind der Flaschenhals- oder der Gründereffekt.

3.3 Erläuterung einer typischen Angepasstheit *(AFB II)*:

- Tarnung: Tiere sind in Körperform und Farbe an die Umgebung angepasst und entgehen so der Entdeckung durch Fressfeinde.

> **TIPP** Hier könnten Sie ggf. noch etwas differenzieren: Von passiver Tarnung spricht man, wenn Körperfarbe und -form genetisch festgelegt sind (z. B. Stabheuschrecke). Aktive Tarnung findet statt, wenn ein Tier seine Umwelt wahrnimmt und seine Körperform bzw. seine Körperfärbung jeweils an die Umgebung anpasst (z. B. *Octopus*).

- Warntracht: Tiere besitzen eine auffällige Körperfärbung (z. B. Wespe). Dadurch wird Fressfeinden signalisiert, dass die vermeintliche Beute wehrhaft oder ungenießbar ist. Nachdem ein potenzieller Fressfeind schlechte Erfahrungen mit einem wehrhaften Tier gemacht hat, verzichtet er bei zukünftigen Begegnungen auf einen Angriff.
- Mimikry: Tiere besitzen eine Körperfärbung, die einer Warntracht ähnelt (z. B. Schwebfliege). Diese Tiere „täuschen" eine Wehrhaftigkeit also nur „vor".

4.1 Definition der Begriffe Homologie und Analogie *(AFB I)*:

- Homologie (Abstammungsähnlichkeit): Beim Vergleich verschiedener Taxa bezeichnet man Organe bzw. Merkmale, die auf einen gemeinsamen Grundbauplan zurückgehen, als homolog. Homologien geben Hinweise auf stammesgeschichtliche Verwandtschaft (gemeinsame Erbinformation).
- Analogie (Funktionsähnlichkeit): Beim Vergleich verschiedener Taxa bezeichnet man Organe mit gleicher Funktion, aber unterschiedlichem Bauplan als analog. Analogien zeigen, dass gleiche Umweltbedingungen häufig zu ähnlichen, aber stammesgeschichtlich voneinander unabhängigen Angepasstheiten führen (konvergente Entwicklung). Daher können sie auch nicht als Nachweis stammesgeschichtlicher Verwandtschaft dienen.

4.2 Begründung der Homologie/Analogie der Vorderextremitäten *(AFB III)*:

Ein anatomischer Vergleich der Flossen beider Tiergruppen zeigt den gleichen Grundbauplan des Extremitätenskeletts. Es sind homologe Strukturen. Delfin und Pinguin stammen also von einem gemeinsamen, vierfüßigen Vorfahren ab.
Die Entwicklung der Extremität als Flosse, also zu einer Struktur mit ähnlicher Funktion, entstand aufgrund ähnlicher Lebensbedingungen in beiden Tiergruppen unabhängig voneinander. Diese äußeren Flossenformen sind daher analoge Strukturen, die sich nicht auf einen gemeinsamen Vorfahren zurückführen lassen.

5.1 Nennung gemeinsamer Merkmale des Menschen und der anderen Menschenaffen *(AFB I)*:

- gutes räumliches Sehen durch nach vorne gerichtete Augen
- Greifhand mit opponierbarem Daumen
- Finger und Zehen mit flachen, kurzen Nägeln und verdickten Kuppen mit zahlreichen Tastpunkten
- identische Zahnformel, einmaliger Zahnwechsel *(Diphyodontie)*, hintere Backenzähne mit fünf Höckern
- verhältnismäßig großes Gehirn

Nennung von Unterschieden *(AFB I)*:

Merkmal	Mensch	andere Menschenaffen
Schädel	• großer Gehirnschädel • Gehirnvolumen: ca. 1 350 cm^3 • relativ steile Stirn • Nasenvorsprung • Hinterhauptsloch zentral an der Schädelunterseite • vorspringendes Kinn	• kleiner Gehirnschädel • Gehirnvolumen: ca. 350 cm^3 • fliehende Stirn, Überaugenwülste • Schnauze • Hinterhauptsloch im hinteren Schädelbereich • fliehendes Kinn
Gebiss	• Kiefer in V-Form (parabolisch) • geschlossene Zahnreihe	• Kiefer in U-Form • Zahnreihe mit (Affen-)Lücke
Zähne	kleine Eckzähne	dolchartige Eckzähne
Wirbelsäule	doppelt-S-förmig	C- bzw. S-förmig
Becken	breit, kurz, schüsselförmig	schmal, lang
Hände	opponierbarer langer Daumen: Präzisionsgriff	opponierbarer kurzer Daumen
Füße	Standfuß	Greiffuß
Arme	kurz	lang
Beine	lang	kurz

5.2 Erläuterung der biologischen Faktoren der Menschwerdung *(AFB II)*:

- Der aufrechte Gang erlaubte eine bessere Übersicht sowie die Nutzung der Vordergliedmaßen zur Nahrungsaufnahme, zur Werkzeugherstellung, zum Werkzeuggebrauch und zum Tragen der Kinder.
- Das stereoskopische (räumliche) Sehen ermöglichte eine präzise Koordination, insbesondere der Finger, sowie eine hervorragende Tiefenwahrnehmung der offenen Landschaft. Mittels dieser Fähigkeit konnten Feinde oder Beutetiere erkannt und Entfernungen genau abgeschätzt werden.

- Die Gehirnvergrößerung, u. a. bedingt durch eine bessere Nahrungsversorgung (s. u.), erlaubte eine hohe Kapazität der Informationsverarbeitung und -speicherung, die Entwicklung einer differenzierten Wortsprache sowie eine bessere Koordination der Hände, sodass die Herstellung und der Gebrauch von Werkzeugen möglich wurden.
- Die Entwicklung der Hand mit einem langen, allen Fingern gegenüber opponierbaren Daumen (Präzisionsgriff) ermöglichte die präzise Herstellung und den Gebrauch von Werkzeugen.
- Die Entwicklung des Sprechapparats war Voraussetzung für die Entstehung einer differenzierten Sprache.

Erläuterung der kulturell-sozialen Faktoren der Menschwerdung *(AFB II)*:
- Die Werkzeugnutzung erweiterte die menschlichen Fähig- und Fertigkeiten.
- Der Gebrauch des Feuers spendete Wärme und vermittelte Schutz vor Raubtieren, erlaubte das Grillen und Garen von Nahrungsmitteln sowie die Besiedlung kälterer Vegetationszonen.
- Sprache und Schrift ermöglichten die Weitergabe und Speicherung erworbenen Wissens sowie eine bessere Organisation, Planung und Absprache in der Gruppe.
- Die kooperative Arbeitsteilung erlaubte eine effizientere Ressourcennutzung.
- Die lange Jugendphase bildete die Basis für eine lange und günstige Lernphase. Gekoppelt mit einer ebenso langen Altersphase wurde das Lernen durch die Weitergabe von Wissen und Fertigkeiten zusätzlich begünstigt.

5.3 Stellungnahme zur Darstellung der Humanevolution *(AFB III)*:
Die Abbildung zeigt die Entwicklung der Hominiden in vereinfachter Weise. Die Evolution des aufrechten Ganges, ausgehend von einem vierbeinigen *(quadrupeden)* Primaten, die Zunahme der Körpergröße sowie die Etablierung der Werkzeugnutzung sind mit einfachen Mitteln nachvollziehbar dargestellt.
Kritisch ist die Darstellung insofern zu sehen, als …
- die Humanevolution kein linearer Prozess war. Vielmehr kann eine Entwicklung mit vielen Nebenästen angenommen werden, von denen sich eine Vielzahl als „evolutionäre Sackgassen" erwiesen haben.
- zu Beginn der Linie ein rezenter Menschenaffe dargestellt ist, obwohl der Mensch mit Sicherheit nicht von einem rezenten Menschenaffen abstammt. Der Mensch und die anderen Menschenaffen hatten nach gängiger Lehrmeinung einen gemeinsamen quadrupeden Vorfahren, ihre Entwicklungslinien trennten sich jedoch und verliefen unabhängig voneinander bis hin zu den heute lebenden Arten.

TIPP Häufig wird in solchen oder ähnlichen Abbildungen auch ein Neandertaler als vorletztes Glied dargestellt. Neandertaler und moderner Mensch entwickelten sich jedoch unabhängig voneinander und lebten mehrere Tausend Jahre nebeneinander in Europa. Es wird angenommen, dass der moderne Mensch den Neandertaler verdrängte.

1 1977 wurde erstmals ein menschliches Protein, Somatostatin, von gentechnisch veränderten *Escherichia-coli*-Bakterien hergestellt. Das Peptidhormon hemmt u. a. die Magensäureproduktion und wird daher als Medikament eingesetzt, um Entzündungen oder Geschwüre im Bereich der Magenschleimhaut zu behandeln.

1.1 **Definieren** Sie den Begriff Gentechnik.

1.2 **Erläutern** Sie die wesentlichen Prozessschritte, die zur Erzeugung gentechnisch veränderter *E. coli*-Bakterien für die erfolgreiche Produktion von Somatostatin notwendig sind.

1.3 **Nennen** Sie weitere Anwendungsgebiete der Gentechnik und **geben** Sie jeweils ein Beispiel aus diesen Einsatzbereichen.

1.4 Früher mussten Hormone wie Somatostatin oder Insulin für die medikamentöse Behandlung aus tierischen Organen (z. B. der Bauchspeicheldrüse von Schweinen) extrahiert werden. **Stellen** Sie Vorzüge und kritische Aspekte der heute möglichen gentechnischen Herstellung dieser Medikamente einander **gegenüber**.

2 Bei einer somatischen Gentherapie bringen Mediziner*innen mithilfe sogenannter Vektoren genetisches Material in Körperzellen von Menschen ein, die krankheitsbedingende Genmutationen aufweisen.

2.1 **Definieren** Sie den Begriff Vektor.

2.2 **Erläutern** Sie die Grundzüge der somatischen Gentherapie.

2.3 **Begründen** Sie, warum es bei der Anwendung der somatischen Gentherapie häufig zu Komplikationen kommt.

2.4 **Begründen** Sie, weshalb der Einsatz der somatischen Gentherapie nur bei bestimmten genetischen Erkrankungen möglich ist.

2.5 **Grenzen** Sie die somatische Gentherapie von der Keimbahntherapie **ab** und **nehmen** Sie **Stellung** zu ethischen Aspekten der Keimbahntherapie.

3 Die Ursache der unheilbaren, genetisch bedingten Erkrankung Chorea Huntington ist eine Mutation im Huntingtin-Gen. Dieses Gen enthält einen Abschnitt, in dem ein DNA-Triplett (CAG) mehrfach wiederholt wird. Liegen bei einer Person mehr als 39 CAG-Tripletts hintereinander vor, kommt es, meist ab dem 35. Lebensjahr, zum Ausbruch der Krankheit. Sie führt nach ca. 15–20 Jahren unweigerlich zum Tod. Mittels Gendiagnostik lässt sich die Disposition für die Erkrankung vor dem eventuellen Auftreten von Symptomen bestimmen.

3.1 **Beschreiben** Sie, wie mithilfe der Polymerasekettenreaktion (PCR) und einer Gelelektrophorese anhand der Blutprobe einer Risikopatientin die Zahl der CAG-Wiederholungen und damit das Erkrankungsrisiko festgestellt werden kann.

3.2 **Diskutieren** Sie das psychosoziale und ethische Spannungsfeld einer derartigen Gendiagnostik.

3.3 **Stellen** Sie in Grundzügen ein weiteres gendiagnostisches Verfahren **dar**, mit dessen Hilfe mutierte Gene detektiert werden können.

4 Lebewesen geben ihre genetische Information durch Fortpflanzung an ihre Nachkommen weiter.

4.1 **Grenzen** Sie geschlechtliche und ungeschlechtliche Fortpflanzung voneinander **ab** und **erläutern** Sie, unter welchen Bedingungen die jeweilige Fortpflanzungsart einen Vorteil darstellt.

4.2 **Ordnen** Sie die in Abbildung 1 gezeigten mikroskopischen Aufnahmen von Zwiebelwurzelzellen den verschiedenen Phasen des Zellzyklus **zu** und **beschreiben** Sie diese Phasen. **Erläutern** Sie kurz, was sich in der nicht dargestellten Phase des Zellzyklus ereignet.

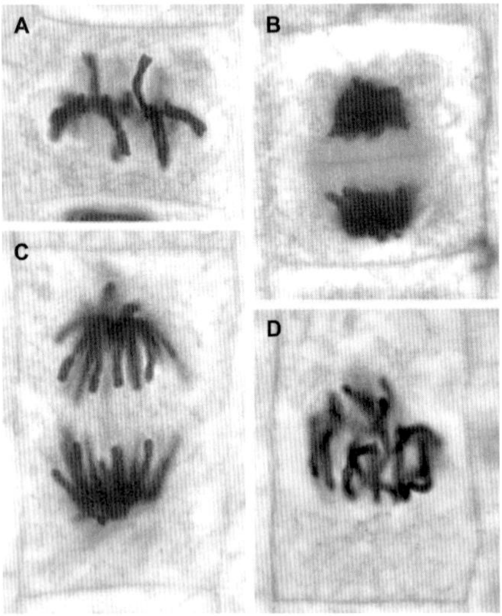

Abb. 1: Verschiedene Stadien sich teilender Zellen
verändert nach: © Thomas Geier/ Wikimedia; CC BY-SA 3.0

4.3 **Beschreiben** und **analysieren** Sie das Karyogramm in Abbildung 2. **Erläutern** Sie die Möglichkeiten für das Zustandekommen der vorliegenden Besonderheit.

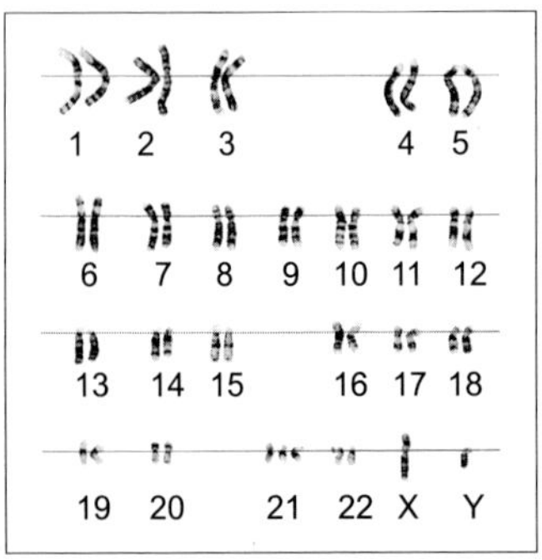

Abb. 2: Karyogramm

5 Obwohl alle Körperzellen des Menschen die gleiche Erbinformation besitzen, gibt es mehr als 200 unterschiedliche Zelltypen. Abhängig vom Zelltyp müssen die Zellen von Zeit zu Zeit ersetzt werden.

5.1 **Erklären** Sie grundlegend, wie es sein kann, dass trotz identischer Erbinformation so viele unterschiedliche Zelltypen existieren.

5.2 **Charakterisieren** Sie mithilfe von Fachbegriffen sogenannte adulte Stammzellen, die für die Regeneration von Geweben und Organen zuständig sind. **Erläutern** Sie an einem selbst gewählten Beispiel den Einsatz adulter Stammzellen in der Medizin.

5.3 **Unterscheiden** Sie embryonale Stammzellen von adulten Stammzellen und **beurteilen** Sie aus ethischer Sicht deren Einsatz in Forschung und Medizin.

Lösungsvorschlag

1.1 **Definition** des Begriffs Gentechnik *(AFB I)*:
Unter Gentechnik im engeren Sinne versteht man die gezielte Veränderung der genetischen Information von Organismen sowie die Übertragung von Genen eines Organismus in einen anderen.

TIPP Im weiteren Sinne gehören auch die methodischen Verfahren zur Isolation, Vervielfältigung und Analyse von Genen zu diesem Teilbereich der Biotechnologie.

1.2 **Erläuterung** der Prozessschritte zur Erzeugung transgener Bakterien *(AFB II)*:
Gewinnung des Somatostatin-Gens:

- Es werden Spenderzellen isoliert, die das Gen für Somatostatin enthalten.
- Die Spender-DNA wird aus den Spenderzellen isoliert.
- Die Spender-DNA wird mit geeigneten Restriktionsenzymen verdaut, sodass DNA-Stücke mit kurzen einzelsträngigen Enden („sticky ends“) entstehen. Darunter sind auch solche, die das Somatostatin-Gen enthalten. Diese werden identifiziert und isoliert.

TIPP Ist die DNA-Sequenz des Abschnitts, der für Somatostatin codiert, bekannt, so kann das entsprechende DNA-Fragment selbstverständlich auch synthetisch hergestellt werden.

Herstellung eines rekombinanten Plasmids (Hybridplasmids):

- Ein Plasmidvektor wird mit dem gleichen Restriktionsenzym geschnitten, das zur Isolierung des Somatostatin-Gens aus der Spender-DNA genutzt wurde. Dadurch entstehen offene Plasmide mit „sticky ends“, die zu den Enden des isolierten Gens komplementär sind.
- Die geöffnete Plasmidvektor-DNA und das isolierte Somatostatin-Gen werden gemischt, sodass die DNA-Fragmente unterschiedlicher Herkunft über die komplementären „sticky ends“ hybridisieren können.
- Mithilfe von Ligasen wird das Zucker-Phosphat-Rückgrat der noch unverbundenen Fragmente geschlossen.

Transformation:
Die Plasmide, sowohl solche mit Somatostatin-Gen (Hybridplasmide) als auch ohne Fremd-DNA, werden mit *E. coli*-Zellen gemischt, sodass sie in die Wirtszellen aufgenommen werden können.

TIPP Die Transformation kann u. a. durch kurze Hitzeschocks, Elektroporation oder Zugabe von Calciumchlorid erleichtert werden.

Selektion der Bakterienzellen mit Hybridplasmid:
Wurde ein Plasmidvektor mit Resistenzgenen als Markern eingesetzt, so lassen sich die transgenen *E. coli*-Bakterien durch das Prinzip der Markerinaktivierung selektieren: Bakterien mit Hybridplasmid verlieren durch den Einbau der Spender-DNA die Resistenz gegen eines von zwei zur Selektion eingesetzten Antibiotika, sodass eine Identifikation über eine Anzucht auf entsprechenden antibiotikahaltigen Nährböden möglich ist.

TIPP Hier könnten Sie ggf. ergänzen, dass die selektierten Bakterien in weiteren Verfahrensschritten vermehrt werden und dass das Genprodukt aus den Bakterien isoliert und gereinigt wird.

1.3 **Nennung** weiterer Anwendungsgebiete unter **Angabe** eines Beispiels *(AFB I)*:

- Pflanzenzucht, Landwirtschaft *(grüne Gentechnik)*: z. B. Pflanzen mit Resistenz gegen Insektenbefall (z. B. Bt-Mais) oder biofortifizierte Pflanzen (z. B. Golden Rice)
- Industrie *(weiße Gentechnik)*: z. B. Produktion von Enzymen für die Lebensmittelindustrie (z. B. Labferment für die Käseherstellung) oder Enzyme in Waschmitteln (z. B. Lipasen)

TIPP Die Herstellung eines Medikaments wie Somatostatin fällt in den Bereich der sogenannten roten Gentechnik (Pharmazeutik und Medizin). Daneben unterscheidet man noch die graue (Abfallwirtschaft) und blaue (Meeresbiologie) Gentechnik.

1.4 **Gegenüberstellung** von Vorzügen und kritischen Aspekten der gentechnischen Herstellung von Medikamenten *(AFB III)*:
Vorzüge:

- Die aufwendige Gewinnung bzw. der Verbrauch von tierischen Organen kann entfallen.
- Die Verträglichkeit und Wirksamkeit der Medikamente ist vermutlich höher, da sie auf der Basis der humanen Gensequenz synthetisiert werden und es sich nicht um tierische, also ggf. nur sehr ähnliche Proteine handelt.
- Da die Herstellung weniger aufwendig ist, kann das Medikament kostengünstiger produziert und vertrieben werden.
- Das Infektionsrisiko ist aufgrund der kontrollierten Herstellungsbedingungen geringer.

Kritische Aspekte:

- Es besteht das Risiko der Freisetzung gentechnisch veränderter *E. coli*-Bakterien mit Resistenzgenen auf Vektorplasmiden und der Übertragung dieser Antibiotika-Resistenzen, z. B. durch Konjugation, auf pathogene Bakterien.
- Es stellt sich bei Verfahren dieser Art die ethische Frage, ob es dem Menschen zusteht, in die genetische Integrität von Organismen einzugreifen.

2.1 Definition des Begriffs Vektor *(AFB I)*:
Vektoren sind „Transportmittel", die dazu dienen, Fremd-Nukleinsäure (meist Fremd-DNA) in Wirtszellen einzuschleusen; sie werden daher oft auch als „Genfähre" bezeichnet. Als Vektoren kommen meist Plasmide, modifizierte Viren oder Bakteriophagen (Viren, die Bakterien befallen) zum Einsatz.

2.2 Erläuterung der Grundzüge der somatischen Gentherapie *(AFB II)*:
Im Rahmen einer somatischen Gentherapie wird versucht, genetisch bedingte Erkrankungen durch das Einbringen intakter Gene in bereits differenzierte Körperzellen (somatische Zellen) oder adulte Stammzellen zu heilen bzw. abzumildern. Das eingeschleuste therapeutische Genmaterial übernimmt die Funktion des mutationsbedingt veränderten Gens. Dabei bleibt die Therapie auf den oder die Behandelte*n beschränkt und die eingeschleusten Gene können nicht vererbt werden.

TIPP Beim *ex-vivo-*(*in-vitro-*)Gentransfer werden adulte Stammzellen aus dem Körper entnommen und mithilfe von modifizierten Viren mit dem intakten Gen versehen, das ins Genom eingebaut werden kann. Dadurch verfügen auch die Tochterzellen über eine intakte Kopie des Gens und können der betroffenen Person wieder injiziert werden. Beim *in-vivo*-Gentransfer werden modifizierte Viren mit dem therapeutisch wirksamen Gen direkt in den Körper des oder der Betroffenen eingebracht, wo sie die jeweiligen Zielzellen mit dem intakten Gen „infizieren" sollen.

2.3 Begründung für Komplikationen bei der Gentherapie *(AFB III)*:
Da als Genfähre oft modifizierte Viren dienen, kommt es häufig zu einer Immunreaktion, die zu schweren Komplikationen oder sogar zum Tod führen kann. Außerdem lässt sich bisher noch nicht genau steuern, an welchen Stellen innerhalb des Genoms die Integration der Genfracht erfolgt. Daher ist es möglich, dass der Einbau die Veränderung und den Funktionsverlust anderer Gene oder eine Umprogrammierung der Zelle in eine Krebszelle bewirkt.

2.4 Begründung des beschränkten Einsatzes der somatischen Gentherapie *(AFB III)*:
Der Einsatz der somatischen Gentherapie scheint nur bei Erkrankungen, die durch die Mutation eines einzigen Gens verursacht werden (monogenetische Erkrankungen), Erfolg versprechend zu sein. Mit zunehmender Komplexität genetisch bedingter Erkrankungen wird es schwieriger, einerseits alle krankheitsbedingenden genetischen Veränderungen zu ermitteln sowie andererseits gezielt den Funktionsverlust mehrerer Gene gleichzeitig zu kompensieren.

2.5 Abgrenzung der Keimbahntherapie von der somatischen Gentherapie *(AFB II)*:
Bei der Keimbahntherapie wird versucht, bereits in Keimzellen, v. a. in Eizellen, (potenziell) krankheitsbedingende Gene durch die funktionsfähigen Gene zu ersetzen. Dabei sind ausschließlich die Nachkommen, nicht die Eltern, von der Veränderung betroffen.

In Deutschland ist die Keimbahntherapie am Menschen verboten, u. a. da mit jedem Eingriff auch das Risiko besteht, ungewollte Veränderungen und damit potenzielle Nebenwirkungen zu verursachen, die das ungeborene Leben bzw. dessen Nachkommen betreffen können.

Stellungnahme zu ethischen Aspekten der Keimbahntherapie *(AFB III)*:

- Da es durch die Keimbahntherapie zu einer dauerhaften Veränderung des Genpools kommen kann, stellt sich die generelle Frage, ob es in der Macht des Menschen stehen darf, derartig weitreichende Manipulationen vorzunehmen.
- Bei Zulassung der Methode könnte eine Herausforderung darin bestehen, eine Grenze zu ziehen zwischen behandlungswürdigen, da krankheitsbedingenden genetischen Eigenschaften, und solchen, die nur ungeliebte, aber unproblematische Merkmale („Schönheitsfehler") hervorrufen.
- Zur Debatte steht auch, ob jedem Menschen das Recht auf eigene, gesunde Kinder zusteht. Wenn dies bejaht wird und die Möglichkeit bestünde, diesen Anspruch für Betroffene durch eine Keimbahntherapie gefahrlos zu erfüllen, ließe sich die Anwendung befürworten.

> **TIPP** Für die geforderte Stellungnahme sollten Sie anhand der genannten oder ggf. weiterer Argumente eine eigene Position zur Anwendung dieser Methode vertreten.

3.1 **Beschreibung** der Feststellung des Erkrankungsrisikos mittels PCR und Gelelektrophorese *(AFB II)*:

- Die DNA wird aus den Blutzellen isoliert.
- Vervielfältigung des zu untersuchenden Genabschnitts mittels PCR:
  - Der PCR-Ansatz enthält (fragmentierte) isolierte DNA, eine hitzebeständige DNA-Polymerase (Taq-Polymerase), einzelne Nukleotide, sowie Primer, die komplementär zu den Enden des Genabschnitts mit den CAG-Wiederholungen sind.
  - Die Lösung wird erhitzt, damit sich die Doppelstränge unter Auflösung der Wasserstoffbrückenbindungen zwischen den komplementären Basen der Nukleotide voneinander trennen (Denaturierung).
  - Die Lösung wird abgekühlt; dabei binden die Primer über Wasserstoffbrückenbindungen an die komplementären DNA-Sequenzen der zu vervielfältigenden DNA (Hybridisierung). Für jeden Strang wird ein eigener Primer benötigt.
  - Die DNA-Polymerase verlängert die Primer durch Anfügen von Nukleotiden. Die Originalstränge dienen hierbei als Matrizen (Amplifikation).
  - Die zu vermehrende DNA wird in einem Zyklus verdoppelt und dieser Zyklus wird vielfach wiederholt.
- Trennung der DNA-Fragmente mithilfe der Gelelektrophorese:
  - Die durch die PCR erzeugten DNA-Fragmente werden in die Taschen eines (Agarose-)Gels gegeben.

- Durch Anlegen einer Gleichspannung entsteht in der Elektrolytlösung ein elektrisches Feld, in dem sich die negativ geladenen DNA-Moleküle durch das engmaschige Gel zum Pluspol bewegen.
- Kurze DNA-Fragmente durchwandern das Gel schneller als lange DNA-Moleküle. Vom Startpunkt aus trennt sich daher das Fragmentgemisch entsprechend der Länge (der Anzahl der Basenpaare) der Moleküle auf. Die Fragmente können dann als Banden(muster) mit geeigneten Methoden (z. B. durch Fluoreszenzmarkierung) sichtbar gemacht werden.

- Analyse des Ergebnisses:
  Anhand eines Längenstandards können mutierte Sequenzen mit über 39 CAG-Wiederholungen identifiziert werden. Sie befinden sich näher am Startpunkt der Gelelektrophorese, da sie aufgrund ihrer Länge keine so große Laufstrecke zurücklegen wie die nicht mutierten, kürzeren Sequenzen.
  Aus der Textaussage, dass es bei einer mehr als 39-fachen Wiederholung des CAG-Tripletts zum Ausbruch der Krankheit kommt, kann geschlossen werden, dass es sich um eine dominant vererbte Erkrankung handelt, bei der ein mutiertes Allel ausreicht, damit sich das Krankheitsbild manifestiert. Somit ist eine exakte Prognose des Erkrankungsrisikos möglich.

3.2 Diskussion des psychosozialen und ethischen Spannungsfelds einer derartigen Gendiagnostik *(AFB III)*:

- Gerade in Fällen, bei denen bisher keinerlei Möglichkeit besteht, die genetische Erkrankung zu therapieren oder zu heilen, ist eine Gendiagnostik kritisch zu sehen, da sie ohne konkreten Nutzen ist. Wird durch den Test Gewissheit erlangt, an der Erkrankung zu leiden, kann dies sogar zu einer starken psychischen Belastung führen und auch den Umgang mit dem sozialen und gesellschaftlichen Umfeld erschweren.
- Mithilfe eines Gentests lassen sich meist nur Dispositionen für eine bestimmte Krankheit feststellen, ohne mit Sicherheit sagen zu können, dass – oder auch wann – es tatsächlich zum Ausbruch dieser Krankheit kommen wird.
- Wenn die Gendiagnostik im Zuge von Schwangerschaftsuntersuchungen eingesetzt werden sollte, ergeben sich ebenfalls weitreichende Konsequenzen, etwa im Zusammenhang mit der Frage, ob ein Schwangerschaftsabbruch vorgenommen werden soll.
- Die Anwendung der Diagnostik kann Risikopatient*innen bei einem negativen Testergebnis Erleichterung verschaffen und eine größere Lebensqualität ermöglichen. Bei positiver Diagnose lässt sich die persönliche Zukunft, z. B. die Familienplanung oder die finanzielle Absicherung, vorausschauend gestalten.
- In anderen Fällen bietet eine frühzeitige Diagnose genetisch bedingter Erkrankungen die Möglichkeit, prophylaktische medizinische Maßnahmen zu ergreifen oder auch – im Zuge einer *in-vitro*-Fertilisation – gesunde Embryonen in die Gebärmutter einer (erblich vorbelasteten) Frau mit Kinderwunsch einzusetzen.

3.3 Darstellung eines weiteren gendiagnostischen Verfahrens *(AFB I)*:
Mutierte Genabschnitte lassen sich auch mit einzelsträngigen fluoreszenz- oder radioaktiv markierten DNA-Sonden, deren Basensequenz komplementär zur veränderten DNA-Sequenz sind, detektieren. Dabei werden gelelektrophoretisch getrennte DNA-Fragmente durch geeignete Substanzen einzelsträngig gemacht, auf eine Trägermembran übertragen und mit der einzelsträngigen DNA-Sonde behandelt. Liegt die gesuchte Genmutation vor, so hybridisiert die DNA-Sonde mit diesem DNA-Abschnitt und wird nach einem Waschgang sichtbar.

TIPP Inwiefern Sie mit dem gendiagnostischen Verfahren mittels Gensonden vertraut sind, hängt von der jeweiligen unterrichtlichen Besprechung ab.

4.1 Abgrenzung geschlechtlicher von ungeschlechtlicher Fortpflanzung *(AFB I)*:
- Ungeschlechtliche (asexuelle) Fortpflanzung: Die Nachkommen gehen aus mitotischen Teilungen eines Elternorganismus hervor, z. B. durch Zweiteilung bei Einzellern wie Bakterien oder durch Knospung auch bei vielzelligen Organismen (z. B. Süßwasserpolyp *Hydra* spec.). Die Nachkommen sind mit dem Elternorganismus genetisch identisch (Klon).
- Geschlechtliche (sexuelle) Fortpflanzung: Die Nachkommen gehen i. d. R. aus der Verschmelzung haploider Geschlechtszellen (Keimzellen) hervor, die durch Reduktionsteilung (Meiose) aus diploiden Urkeimzellen gebildet werden. Dabei kommt es zu einer Neukombination des genetischen Materials durch …
  - die zufällige Verteilung der homologen Chromosomen sowie den Stückaustausch zwischen homologen Chromosomen (Crossing-over) während der 1. Reifeteilung der Meiose.
  - das zufällige Zusammentreffen der Keimzellen bei der Befruchtung.

Erläuterung der Vorteile jeder Fortpflanzungsart *(AFB II)*:
- Asexuelle Fortpflanzung bewahrt einen an eine bestimmte Umwelt optimal angepassten Genotyp und ist somit in stabilen Lebensräumen, die sich über längere Zeit kaum verändern, vorteilhaft.
- Sexuelle Fortpflanzung erzeugt eine große genetische Variabilität innerhalb von Populationen und ermöglicht Lebewesen somit eine hohe Anpassungsfähigkeit an sich verändernde Umweltbedingungen in instabilen Lebensräumen.

4.2 Zuordnung der Aufnahmen und **Beschreibung** der Phasen *(AFB I)*:
D Prophase:
- Kernmembran und Nukleolus (Kernkörperchen) lösen sich auf.
- Der Spindelfaserapparat bildet sich aus.
- Die Chromatinfäden verkürzen sich durch Spiralisierung und die (Zwei-Chromatid-)Chromosomen werden lichtmikroskopisch sichtbar.

A Metaphase:
- Kernmembran und Nukleolus sind komplett aufgelöst.

- Die Spindelfasern verbinden sich mit den Zentromeren der Chromosomen.
- Die Chromosomen sind maximal verkürzt und werden in der Mitte der Zelle, der Äquatorialebene, nebeneinander angeordnet.

C Anaphase:
- Die Zentromere der Chromosomen werden getrennt.
- Die Chromatiden werden durch die Spindelfasern zu entgegengesetzten Zellpolen gezogen.

B Telophase:
- Die Einchromatid-Chromosomen entspiralisieren sich zu langen, dünnen und lichtmikroskopisch unsichtbaren Chromatinfäden.
- Der Spindelfaserapparat bildet sich zurück.
- Kernmembran und Nukleolus werden wieder aufgebaut.

> **TIPP** Im Anschluss an die Telophase werden das Cytoplasma und die Zellorganellen durch eine neue Zellmembran bzw. Ausbildung einer Zellwand (bei pflanzlichen Zellen) geteilt (Zytokinese).

Erläuterung der Abläufe in der nicht aufgeführten Phase *(AFB II)*:
Der nicht dargestellte Teil des Zellzyklus wird als Interphase bezeichnet.
- Die G1-Phase ist eine Phase des Zellwachstums, in der das Cytoplasma vermehrt sowie Zellorganellen, Proteine und Nukleotide gebildet werden.
- In der Synthese-Phase (S-Phase) erfolgt die Verdopplung der Einchromatid-Chromosomen zu Zweichromatid-Chromosomen durch semikonservative Replikation der DNA.
- In der G2-Phase finden Zellwachstum und -vergrößerung sowie die Synthese verschiedener, u. a. für die Zellteilung wichtiger Moleküle statt.

4.3 Beschreibung und **Analyse** des Karyogramms *(AFB I, II)*:
- Unter einem Karyogramm versteht man eine schematische Darstellung des Karyotyps, wobei alle (Metaphase-)Chromosomenpaare nach Größe und Gestalt (Lage des Zentromers, Länge der Chromosomenarme, Bandenmuster) angeordnet werden. Beim Menschen lässt sich so der diploide, also doppelte Chromosomensatz mit $2n = 46$ Chromosomen veranschaulichen. Man unterscheidet beim Menschen 22 Autosomenpaare und zwei Gonosomen (Geschlechtschromosomen, X und Y). Da in Abbildung 2 die Kombination XY vorliegt, handelt es sich um das Karyogramm eines Mannes.
- Als Besonderheit liegt in Abbildung 2 das Chromosom 21 nicht doppelt, sondern dreifach vor. Man spricht in solchen Fällen allgemein von einer Trisomie, hier konkret von einer Trisomie 21 (Ausprägung als Down-Syndrom).

Erläuterung des Zustandekommens der Besonderheit *(AFB II, III)*:
Eine Keimzelle enthält das Chromosom 21 doppelt, sodass es bei Befruchtung mit einer normalen Keimzelle zur Trisomie 21 kommt. Dies ist möglich durch eine Nondisjunction in der …
- 1. Reifeteilung der Meiose (Nichttrennung der homologen Chromosomen 21),

- 2. Reifeteilung der Meiose (Nichttrennung der Chromatiden eines Chromosoms 21).

5.1 Erklärung der Vielfalt der Zelltypen trotz identischer Erbinformation *(AFB III)*:
Die große Zahl unterschiedlicher Zelltypen lässt sich erklären, wenn man annimmt, dass je nach Zelltyp jeweils unterschiedliche Gene aus der Gesamtheit des Genoms an- bzw. ausgeschaltet werden (differenzielle Genexpression). Dies führt zu einer strukturellen und funktionellen Spezialisierung der Zelle in einen von über 200 unterschiedlichen Zelltypen.

5.2 Charakterisierung adulter Stammzellen *(AFB I)*:
Adulte Stammzellen kommen in fast allen Geweben des Körpers vor und können diese durch ihre Teilungsfähigkeit regenerieren. Sie sind multipotent, d. h., sie können sich zu verschiedenen Zelltypen eines bestimmten Gewebes entwickeln.

Erläuterung des Einsatzes adulter Stammzellen *(AFB II)*:
In der Medizin werden z. B. fremde blutbildende Stammzellen des Knochenmarks zur Behandlung von Blutkrebs *(allogene Stammzelltransplantation)* eingesetzt oder eigene Stammzellen der Haut zur Behandlung nach schweren Verbrennungen *ex vivo* vermehrt und als Hautersatz transplantiert *(autologe Transplantation)*.

> **TIPP** Prinzipiell wäre es denkbar, adulte Stammzellen überall dort einzusetzen, wo sie degenerierte, geschädigte oder abgestorbene Zellen ersetzen könnten: u. a. nach einem Herzinfarkt, bei Knorpelschäden, Querschnittlähmung, Parkinson oder Diabetes.

5.3 Unterscheidung embryonaler Stammzellen von adulten Stammzellen *(AFB I)*:
Embryonale Stammzellen sind Zellen aus der inneren Zellmasse (Embryoblast) des embryonalen Entwicklungsstadiums der Blastozyste. Sie sind im Gegensatz zu adulten Stammzellen noch in der Lage, sich in alle Zellen des Organismus zu differenzieren (Pluripotenz).

Beurteilung des Einsatzes embryonaler Stammzellen *(AFB III)*:
- Ihr hohes Differenzierungspotenzial macht embryonale Stammzellen für medizinische Zellersatztherapien interessant. In der Forschung wird daran gearbeitet, embryonale Stammzelllinien (gewonnen aus „überzähligen" Embryonen von *in-vitro*-Fertilisationen) gezielt in spezialisierte Zellen zu differenzieren.

> **TIPP** Denkbar wäre es auch, frühe embryonale Stadien gezielt herzustellen, um spezifische pluripotente Stammzellen zu gewinnen, die von Empfänger*innen nicht abgestoßen werden (therapeutisches Klonen).

- Da bei der Entnahme der embryonalen Stammzellen die Entwicklungsmöglichkeit des Embryos zum Menschen genommen wird, ist die Gewinnung und die Forschung an embryonalen Stammzellen ethisch umstritten. In diesem Kontext wird auch diskutiert, ab welchem Stadium in der Individualentwicklung von einem Menschen mit unveräußerlichen Rechten gesprochen werden kann, dessen Leben geschützt werden muss.

- In Deutschland ist die Herstellung, das Klonen und die Zerstörung von Embryonen zu Forschungszwecken nach dem Embryonenschutzgesetz verboten.

TIPP Da von Ihnen eine Beurteilung in ethischer Hinsicht verlangt ist, sollten Sie hier aus den genannten Sachverhalten auf der Basis einer normativen Ethik eine eigene Einschätzung entwickeln.